Beatrix Schulte

Ich lasse los, also bin ich!

Wege zu einem stressfreien Leben

Beatrix Schulte

Ich lasse los, also bin ich!

Wege zu einem stressfreien Leben

Bibliografische Information der Deutschen Bibliothek
Die Deutsche Bibliothek verzeichnet diese Publikation in der Deutschen Nationalbibliothek: detaillierte Daten sind im Internet über http://dnb.ddb.de abrufbar

1. Auflage 2011

Tel.: 08071 – 94813, Fax: 08071 – 94814
Email: info@sheema.de, www.sheema.de

ISBN 978-3-931560-32-4

Mit freundlicher Genehmigung des Helmut Lingen Verlags GmbH & Co. KG, Köln. 2008 unter dem Originaltitel „Lebe gelassen! – Sagen Sie Ihren Sorgen ade" erschienen.

Gesamtherstellung: Sheema Verlag, Cornelia Linder
Titelbild: © imageteam – Fotolia.com
Druck und Bindung: Finidr, s.r.o., Český Těšín

Für meine Nichten Klara, Johanna, Marie und Anna
und meinen Neffen Johannes,
die mir das Loslassen auch praktisch
beigebracht haben.

Inhalt

Zum Geleit

Liebe Leser,

„Lass es einfach sein!" ruft uns die Autorin munter zu. Gut gebrüllt, Löwin! Seit der Antike tauchen die Tugenden der „Gelassenheit" und der ihr verwandten „Heiterkeit" immer wieder mit neuer Aktualität auf. Der Autorin Beatrix Schulte ist es allerdings gelungen diese Tugenden aus der theoretischen Diskussion akademischer Philosophie zu befreien und ihre zeitlose Bedeutung auch für die Bewältigung unseres postmodernen digitalisierten Alltags aufzuzeigen.

Tatsächlich sind viele Menschen von der unübersichtlichen Vielzahl von Angeboten zur Lebenshilfe und von Glücksratgebern überfordert. Nur allzu schnell überträgt sich durch deren Lektüre unbewusst das kapitalistische Leistungsprinzip auf unsere eigene Freizeitgestaltung und sogar auf die eigene seelische Innenwelt.

Wir brauchen aber weniger fremde Gedanken, Lehren und Ratschläge. Immer häufiger sehnen wir uns nach den authentischen Quellen unserer eigenen Werte, unseres eigenen Seins. Dabei gibt es tatsächlich keine Alternative, als loslassen zu lernen und Gelassenheit einzuüben.

Dieses Buch ist ein Arbeitsbuch. Aus meiner eigenen 25 – jährigen Tätigkeit als Lehrer und Coach für das Prinzip des Loslassens im professionellen Kontext höre ich immer wieder diese Frage: Wie kann ich mich selbst und meinen Nächsten aufrichtig lieben und loslassen, was mich daran hindert, um auch im Alltag wirklich gelassen sein?

Manchmal kann vielleicht auch ein herzlicher Tritt in den eigenen verlängerten Rücken der Beginn authentischer Selbstliebe sein. Es gibt nichts Gutes, außer man tut es, wusste schon Erich Kästner. Die Autorin Beatrix Schulte nimmt Sie auf den folgenden Seiten an die Hand und bringt Ihnen sehr konkret mit vielen praktischen Beispielen und Aufgaben bei, wie Loslassen funktioniert. So wird Loslassen leicht!

Angefangen bei unserem Verhältnis zu „altem Kram" in Wohnung und Kleiderschrank, über die bewusste Wahl der eigenen Gefühls- und Gedankenwelt bis hin zu einer Lebensführung, die auf der „Weisheit des eigenen Herzens" beruht, schenkt uns die Autorin – sprachlich und gedanklich schnörkellos, einfach klar und systematisch aufeinander aufgebaut – viele praktische Anregungen, um Schritt für Schritt in allen Lebensbereichen loslassen zu können.

Loslassen? Loslassen ist die alltägliche Praxis in der Kunst des Liebens. Das Buch von Beatrix Schulte kann dabei ein zuverlässiger und treuer freundschaftlicher Begleiter sein. Viel Spaß,

Markus Langholf
Autor, Coach und Releasing–Lehrer
Windeck, 15.12.2010

www.releasing.de

Der Gelassene nützt seine Chance besser als der Getriebene.

Thornton Wilder

Einleitung

Gelassenheit ist eine Lebenshaltung. Sie entsteht, wenn wir einengende Gedanken und Gefühle loslassen, um uns auf das Leben im Hier und Jetzt einzulassen.

Sie fragen sich vielleicht, wie man in einer von Klimakatastrophe, Kriegen und Terror bedrohten Welt gelassen leben kann.
Mir scheint eine andere Frage wichtiger: Was nützt es der Welt, wenn Sie gestresst, verkrampft und ängstlich sind? Sie tragen damit genau das in die Welt, vor dem Sie sie bewahren wollen: Leid, Hilflosigkeit und Verzweiflung. Wenn Sie dem Leben mit seinen Höhen und Tiefen jedoch gelassen begegnen, können Sie das in die Welt tragen, was sie verbessert: Liebe, Hoffnung und Zuversicht.

Nicht die Dinge selbst beunruhigen die Menschen, sondern ihre Urteile und Meinungen über sie.

Epiktet

Gelassen sein bedeutet, nicht überstürzt auf die Welt und die Erfahrungen, die wir in ihr machen, zu reagieren, indem wir sie gleich in „Gut und Schlecht" einteilen. Wir halten nicht länger fest an Urteilen über uns, andere und die Welt.

- Die Welt ist nicht gut, sie ist nicht schlecht. Sie ist, wie sie ist!
- Unsere Erfahrungen sind nicht gut, nicht schlecht. Sie sind, was sie sind.

Mit dieser Gelassenheit kann sich unser Herz einem tieferen Sinn und Sein öffnen. Wir sind „heiter, klar und ungetrübt"[1].

Stellen Sie sich vor, Sie sitzen in einem bequemen Sessel mit Panoramablick aufs Meer, eine weiche Decke liegt auf Ihren Knien, und Sie trinken Ihr Lieblingsgetränk. Sie sind ruhig und ausgeglichen, fühlen sich rundherum wohl. Sie haben alles, was Sie brauchen. Sie genügen sich in diesem Moment völlig selbst.
Genießen Sie diesen gelassenen Gefühlszustand mit allen Sinnen!

Die 10 Kapitel dieses Buches werden Sie dabei unterstützen, die Gelassenheit in Ihren Alltag einziehen zu lassen.

Im ersten Teil des Buches geht es darum, loszulassen von:

- Krempel und Unerledigtem
- einschränkenden Gedankenmustern
- einengenden Gefühlen
- Ballast aus der Vergangenheit
- Sorgen um die Zukunft

Im zweiten Teil beginnen Sie, sich einzulassen auf:

- die Stimme des Körpers
- Kreativität und Visionen
- Werte und Tugenden
- die eigene Identität
- das, was ist

Lassen Sie los, was Sie unzufrieden macht.
Lassen Sie sich ein auf das, was ist.

Beatrix Schulte

1 Krempel und Unerledigtes loslassen

Krempel loslassen

Den ersten Hindernissen auf dem Weg zur Gelassenheit begegnen wir in unserer Umgebung: in unserer Wohnung, in unserem Büro, in unserem Auto. In einem unordentlichen oder vollgestopften Zuhause können wir uns nicht frei und unbeschwert bewegen. Es ist nicht möglich, „heiter Raum um Raum zu durchschreiten“[2], wenn alle Räume vollgestellt sind und wir dauernd über Kleidungsstücke und Schuhe stolpern.

Können Sie jederzeit Besuch empfangen?

Stellen Sie sich vor, Sie haben im letzten Urlaub nette Leute kennengelernt, die Sie plötzlich anrufen und Sie besuchen möchten. Sagen Sie freudig Ja, oder bekommen Sie einen Schreck und erfinden fantasiereich Vorwände, dass das Betreten Ihres Hauses derzeit leider ganz unmöglich ist?
Seien Sie ehrlich, und Sie werden sehen: Der Weg zur Gelassenheit beginnt recht praktisch mit dem Loslassen von Krempel, Unordnung und Unerledigtem.

> Willst du das Land in Ordnung bringen, so musst du zuerst die Provinzen in Ordnung bringen. Willst du deine Familie in Ordnung bringen, so musst du zunächst dich selbst in Ordnung bringen. **Chinesisches Sprichwort**

Vom äußeren zum inneren Chaos

Bevor Sie Argumente hervorkramen, die besagen, dass man ja nicht perfekt organisiert sein kann und man es sich doch wenigstens zu Hause so richtig gemütlich machen sollte, lassen Sie sich auf ein Gedankenexperiment ein: Wer, glauben Sie, ist eher erfolgreich, jemand, der weiß, wo alles an seinem Platz ist, oder jemand, der stapelweise Akten auf seinem Schreibtisch häuft? Wer, glauben Sie, hat mehr Freunde, jemand, der immer auf der Hut ist, jemand einzuladen, oder jemand, dessen Haustür für jeden offen steht? Wer, glauben Sie, ist freier in seinen Entscheidungen, jemand, der genau weiß,

was er will, weil er sich in seiner Umgebung frei fühlt, oder jemand, der sich nicht von alten Dingen und somit alten Verhaltensmustern lösen kann?
Wie Sie sehen, hat das äußere Chaos viel mehr mit unserem inneren Chaos zu tun, als Sie das vielleicht bis jetzt angenommen haben. Jede Art von Krempel, Gerümpel oder Unordnung bringt Stress in unser Leben, ob uns das nun bewusst ist oder nicht. Und jeder, der zu Hause oder am Arbeitsplatz eine Müllhalde oder eine Sammlerbude hat, ist auch geistig und emotional nicht frei von Müll.

Energien

Alte Kulturen und noch unsere Vorfahren lebten mehr als wir heute im Einklang mit der Natur und dem Kosmos. Sie wussten intuitiv, dass es außer der sichtbaren physischen Welt eine unsichtbare Welt der Kräfte und Energien gibt. In uns schlummert noch heute diese Fähigkeit, die Energien aufzuspüren und positiv zu nutzen. Und wir alle brauchen diese Energien, um zu handeln und zu wirken. Das Wort „energeia" nämlich, das aus dem Griechischen kommt, bedeutet sowohl Werk als auch Wirkung. Der ganz gewöhnliche Krempel nun blockiert das freie Fließen der Energien.

Negative Auswirkungen des Krempels

Die negativen Folgen des Krempels machen sich in vielerlei Hinsicht bemerkbar. Wenn die Energien nicht frei fließen können, äußert sich das in Ihrem Organismus als Ermüdungserscheinung, Antriebslosigkeit, zunehmende Niedergeschlagenheit und dann Stress bis hin zur Erkrankung.
Erinnern wir uns an den unangemeldeten Besuch: Unordnung führt diesbezüglich zunächst zu Scham und Unehrlichkeit und schließlich sogar zur Isolation.
Des Weiteren klagen viele Menschen, die in Unordnung leben, dass andere sie nicht gebührend respektieren. Das ist einfach zu erklären. Denn es sind nicht die anderen, die uns nicht respektieren. Wir selbst spüren tief im Innern, wie uns der Krempel behindert und können uns selbst nicht respektieren, weil wir einfach nur krampfhaft unser Unwohlsein unterdrücken.
Wenn Sie an ein unaufgeräumtes Kinderzimmer denken, wissen Sie gleich, wie viel Aufwand an Energie es braucht, um die Kinder zu mehr Ordnung anzuhalten. Wie viel Streit hat es schon gegeben, nur weil Unordnung herrscht! Und wie viel Energie kostet es dann, wenn ein großes Unternehmen Mitarbeiter hat, die entweder auf ihrem Schreibtisch oder im Computer keinerlei Ordnung halten! Sicherlich werden sie mehr als 1/3 ihrer Arbeitszeit mit Suchen vergeuden. Diese Energien sollten in die Entwicklung neuer Projekte und Produkte fließen, stattdessen verpuffen sie.

Sofia war Mitte 50, als ihr Mann plötzlich verstarb. Sie war sehr traurig und behielt alles, was an ihn erinnerte. Drei Jahre später lernte sie einen netten Mann kennen, mit dem sie sich wieder eine Beziehung vorstellen konnte. Doch irgendetwas hinderte sie. Sie konnte sich nicht wirklich auf ihn einlassen. Als sie in einem Seminar erfuhr, wie stark alter Krempel an Vergangenes bindet, fuhr sie nach Hause und entsorgte noch am gleichen Abend die Kleidung ihres verstorbenen Mannes. Sie berichtete, dass es für sie eine Befreiung gewesen sei, als sie die Säcke zur Altkleidersammlung brachte. Der gewonnene Platz im Kleiderschrank wurde zum Raum für Neues: Der gewünschten Beziehung lag und stand nichts mehr im Wege.

Wer Krempel hortet, kann nicht loslassen

Menschen, die viel ansammeln und sich nicht von Krempel lösen können, halten auf der psychischen Ebene an der Vergangenheit fest, weil sie ihnen eine Form von Sicherheit gibt. Mit dem Kram und Krempel um sich herum fühlen sie sich wohl. Vieles erinnert sie an die alten Zeiten, „als alles besser war". Die ungewisse Zukunft dagegen macht ihnen Angst. Sie wissen nicht, was auf sie zukommt und ob sie den Anforderungen gewachsen sind. Diese Menschen wehren sich gegen Unbekanntes und Veränderungen. Dass das Leben in ständigem Wandel begriffen ist und nichts so bleibt, wie es ist, versuchen sie zu verdrängen.

Wer jedoch alte Verhaltensmuster fallen lassen will, um die Zukunft gelassener anzugehen und um sich somit wirklich auf das Leben einzulassen, kommt um das Ausmisten nicht herum.

Aber Vorsicht: Sollte das Sammeln und Horten Ausmaße angenommen haben, die man nicht mehr allein bewältigen kann, suche man bitte professionelle Hilfe bei einem Coach oder Therapeuten.

Gebraucht der Zeit, die geht so schnell von hinnen, doch Ordnung lehrt euch Zeit gewinnen. **Johann Wolfgang von Goethe**

Positive Folgen des Ausmistens

Wenn die Lebensenergie frei durch unsere Wohnung fließen kann, kann sie auch frei durch uns fließen. Wir fühlen uns ausgeglichen, vital und kraftvoll. Es entwickelt sich Lebensfreude, Motivation und Kreativität. Wir haben Mut, Neues unmittelbar anzugehen.

Menschen, die regelmäßig ausmisten und Ordnung halten, haben alle Voraussetzungen, um erfolgreich im Beruf zu sein. Oder haben Sie schon einmal in einer Management- oder Chefetage einen unordentlichen und vollgestopften Schreibtisch gesehen? Das ist nicht allein das Verdienst der Sekretärin und bestimmt nicht so, weil Manager oder Chefs weniger arbeiten: Sie müssen gut organisiert sein, um Erfolg zu haben. Kreativität entsteht nicht im verwirrenden Durcheinander, sondern einem aufgeräumten, freien Geist entspringen neue Ideen. So sagte Ralph Waldo Emerson: „Die Kunst, reich zu werden, besteht nicht aus Geschäften, noch weniger aus Sparsamkeit, sondern aus besserer Ordnung, aus Pünktlichkeit, aus der Fähigkeit, am richtigen Ort zu sein."

> Ordnung führt zu allen Tugenden. Was aber führt zur Ordnung?
> **Georg Christoph Lichtenberg**

Feng-Shui für ein harmonisches Wohnen und Arbeiten

Feng-Shui heißt „Wind und Wasser" und ist eine mehr als 3000 Jahre alte chinesische Lehre, die die natürlichen Energieströme in unserer Umgebung ausbalanciert und harmonisiert, damit wir uns wohlfühlen. Karen Kingston hat in ihrem Bestseller „Feng-Shui gegen das Gerümpel des Alltags"[3] eindrucksvoll darauf hingewiesen, dass das Ausmisten den machtvollsten und transformativsten Aspekt von Feng-Shui darstellt. Sie beschreibt, welch ein ungeheurer Energiezuwachs durch das Ausmisten entstehen kann.
Feng-Shui ist eine sehr umfangreiche Lehre, bei der es unter anderem um die Zuordnung von Räumen und Gegenständen zu Aspekten Ihres Lebens, wie Wohlstand oder Beziehungen, geht. So gibt es in jedem Haus oder in jeder Wohnung eine Wohlstandsecke, die, wenn man sie z. B. mit Blumen schmückt, den Reichtum vermehren kann. Ein Feng-Shui-Berater kann hier hilfreiche und nützliche Tipps geben, damit Sie Ihr Zuhause zugleich wohnlicher und durchlässiger für gute Energien gestalten.

Blockiert oder motiviert?!

Viele Menschen warten mit dem Ausmisten und Aufräumen, weil sie sich gedanklich blockieren. Überzeugungen wie „Ich muss mal aufräumen" oder „Ich sollte endlich etwas wegschmeißen" helfen nicht weiter. Das Gegenteil ist der Fall: Diese Selbstaufforderungen bringen nur Stress. Sie werden mit sich unzufrieden. Sie beschuldigen sich, unfähig zu sein und vergleichen sich mit anderen, die ordentlicher sind und im Leben besser klarkommen. Diese Gedanken erschöpfen Sie, bevor Sie auch nur irgendwas in die Hand genommen und weggeräumt haben.

Wieder andere haben direkt das große Ganze im Auge und stehen so vor einem riesigen unerledigten Berg an Arbeit, der ihnen unüberwindbar erscheint. So bleibt alles beim Alten. Sie legen sich aufs Sofa und entscheiden sich für Chips und TV, aber das ungute Gefühl bleibt.

Tugend, sagt man, ist Liebe zur Ordnung.

Jean-Jacques Rousseau

Fangen Sie jetzt an

Das Einfachste ist, Sie beginnen genau jetzt mit dem Ausmisten: Buch aus der Hand, die erste Schublade auf den Schoß und allen Krempel aussortieren. Das ist wirklich das Einfachste, weil Sie, wenn Sie einmal mit dem auch noch so kleinen Gegenstand in Ihrer Wohnung angefangen haben, weitermachen müssen! Es wird wie ein geliebter Zwang, wenn Sie einmal angefangen haben! Sie können nicht wieder aufhören, weil die Wirkung beim Ausmisten nicht lange auf sich warten lässt. Sie fühlen sich nach dem Entrümpeln der ersten Schublade richtig gut. Jedes Mal, wenn Sie jetzt an diese Schublade müssen, werden Sie lächeln, weil sie nun aufgeräumt ist. Sie spüren, dass Aufräumen und Ausmisten direkten Einfluss auf Ihr Gemüt haben. Das spornt Sie an, noch mehr auszumisten. Denn danach werden Sie sich noch besser fühlen.

In kleinen Einheiten denken

Wie Sie bei der ersten Schublade angefangen haben, machen Sie weiter mit dem ersten Schrank: Sehen Sie bitte nur diesen einen Schrank vor sich, denken Sie in ganz kleinen Einheiten: Heute ist nur dieser eine Schrank dran! Das ist überschaubar und macht viel mehr Spaß, als gleich das ganze Wohnzimmer ausmisten zu wollen. Und dann nehmen Sie jedes noch so kleine Ding aus diesem Schrank genau einmal in Ihre Hand und entscheiden sich direkt, wo es hingehört. Entweder es wird weggeschmissen (am besten stellen Sie sich eine Mülltüte parat) oder repariert, verschenkt, für einen guten Zweck gespendet, im Internet bzw. auf dem Trödelmarkt zum Verkauf angeboten. Machen Sie sich vorher Kartons fertig, und beschriften Sie sie mit dem Verwendungszweck. Denken Sie daran: Alles muss einmal in Ihrer Hand gewesen sein! Danach wischen Sie den Schrank aus und stellen alles Nützliche wieder geordnet hinein!

Zufriedene Menschen sind die ordentlichsten.

Jean Paul

Visualisieren von Ordnung

Eine weitere Methode, um sich zum Anfangen zu motivieren, ist das Visualisieren von Ordnung. „Alles, was der Mensch sich vorstellen kann, kann er auch erreichen", sagte schon Walt Disney. Stellen Sie sich also vor, Ihre Wohnung oder Ihr Arbeitsplatz wären leer, geordnet und sauber. Die Atmosphäre ist frei, Sie fühlen sich wohl und freuen sich auf die Arbeit.

Modellieren von Ordnung

Vielleicht haben Sie einen Arbeitskollegen, bei dem der Schreibtisch immer geordnet ist. Wenn Sie einen guten Draht zu ihm haben, fragen Sie ihn, ob Sie sich für einige Zeit in seinem Büro aufhalten dürfen. Erklären Sie ihm, dass Sie von ihm Ordnung lernen wollen. Beobachten Sie, wie er arbeitet, wo er die Papiere einsortiert, wie er mit Post umgeht, nehmen Sie alles genau wahr. Das kann zu vielen Aha-Erlebnissen führen. Sie lernen auf anschauliche Weise, wie Sie ordentlich werden können. Wenn unerledigte Dinge und Kram aus Ihrem Büro geräumt sind, wird sich vieles zum Positiven ändern.

Der Test

Machen Sie genau jetzt einen kleinen Test, und räumen Sie in einem Zimmer nur den Fußboden leer. Saugen oder wischen Sie den Boden. Wie verändert es das Zimmer? Wie fühlen Sie sich?

Einwände gegen das Ausmisten

Es gibt viele Gründe, die uns vor dem Ausmisten zurückschrecken lassen. Die häufigste Argumentation ist, dass man den Krempel irgendwann noch mal gebrauchen kann. Diese Leute werden auch mit Sicherheit alles irgendwann noch mal gebrauchen! Ganz einfach deshalb, weil sie felsenfest davon überzeugt sind. Dann wird es auch geschehen. Wenn Sie zu diesen Menschen gehören, Ihnen aber der ganze Kram langsam aufs Gemüt schlägt, entschließen Sie sich jetzt dazu, die Dinge loszulassen, obwohl Sie sie noch mal gebrauchen könnten. Und falls Sie hinterher Dinge vermissen sollten, dann vertrauen Sie darauf, dass es einen Grund gibt, warum genau diese Dinge jetzt weg sind. Nehmen wir z. B. ein Buch, das Sie verschenkt haben, und jetzt wollen Sie kurz was nachschlagen und ärgern sich. Dann setzen Sie sich in Ruhe hin und finden mindestens drei Gründe, warum es gut ist, dass das Buch jetzt weg ist. Vielleicht ist die Meinung, die in diesem Buch vertreten wird, längst überholt, vielleicht gibt es etwas Besseres, als nachzuschlagen. Wer weiß?

Leben im Mangel

Menschen, die alles noch mal gebrauchen können, werden von der Angst geleitet, dass ihnen irgendwann im Leben mal etwas fehlen wird, was sie meinen, dringend zu brauchen. Mit dieser Einstellung kultivieren Sie in sich das Gefühl des Mangels, nicht der Fülle. Schaffen Sie Platz für Besseres! Wenn etwas weg ist, sollte es so sein, ganz einfach. Und seien Sie mal realistisch: Wie oft haben Sie etwas so dringend wieder gebraucht, dass es nicht mehr nachzukaufen war? Wirklich wichtige Dinge können Sie sich zumeist auch wieder besorgen.

> Geniale Menschen sind selten ordentlich, ordentliche selten genial.
>
> **Albert Einstein**

Auf dem Weg zum Perfektionisten?

Wie bei allen Dingen, geht es auch beim Ausmisten und Aufräumen um das gesunde Maß. Wenn Sie plötzlich beginnen, jeden Brief, den Sie soeben bekommen haben, durchzureißen und wegzuschmeißen, jedes Krümelchen vom Boden aufzuheben, den Schreibtisch nur im polierten Zustand zu ertragen und den Kugelschreiber immer in einer bestimmten Position hinzulegen, dann ist dies eindeutig zu viel des Guten! Also bitte, fallen Sie nicht von einem Extrem ins andere. Verlieren Sie nicht das Ziel aus den Augen: Es geht darum, Energie frei fließen zu lassen! Wenn wir beginnen, zwanghaft auszumisten, Ordnung zu halten oder zu putzen, blockieren wir die Energie auf eine andere Weise. Sagen wir es mit Friedrich Nietzsche: „Man muss noch Chaos in sich haben, um einen tanzenden Stern gebären zu können."

Wie gehe ich mit der Unordnung meines Partners oder Kindes um?

Ganz einfach: gar nicht! Die geht Sie nichts an. Kümmern Sie sich um Ihre eigene Ordnung. Beginnen Sie bei sich selbst, und tun Sie es vor allem für sich selbst. Dann wird unweigerlich in Ihnen eine Veränderung eintreten. Und diese innere Zufriedenheit kann Ihren Partner oder Ihr Kind motivieren, ebenfalls diesen Weg zu beschreiten. Das heißt: Wenn Sie Ihren Bereich gründlich ausgemistet und geordnet haben, können Sie Ihrem Partner und Ihrem Kind freudig erzählen, was Ihnen das bringt und wie wohl Sie sich fühlen. Sie können Ihren Partner oder Ihr Kind natürlich auch bitten, ihre Sachen einmal durchzuschauen. Aber wenn diese nicht darauf eingehen, gehen Sie Ihren Weg allein weiter.
Dann können Sie z. B. von der äußeren zur inneren Unordnung vordringen: Welche Gedanken stapeln sich in Ihrem Inneren? Wenn Sie das tun, sind

Sie auf dem besten Weg, mit gutem Beispiel vorangehen zu können und nicht die Zeit damit zu verschwenden, an Ihren Liebsten herumzunörgeln.

Tipps zum Entrümpeln des Kleiderschranks

Stellen Sie sich bei jedem Kleidungsstück, das Sie in die Hand nehmen, folgende Fragen:

- Verbinden Sie mit diesem Teil ein positives oder negatives Ereignis?
- Bringt dieses Teil Ihnen Freude oder Verdruss, wenn Sie es anschauen?
- Wie oft haben Sie das Teil im letzten Jahr getragen? Wenn Sie es länger als ein Jahr nicht getragen haben, können Sie davon ausgehen, dass Sie es in diesem Jahr auch nicht tragen werden.
- Ziehen Sie jedes Kleidungsstück an, bei dem Sie sich nicht sicher sind, ob Sie es aufbewahren sollen oder nicht. Wie fühlt es sich an, wenn Sie es tragen? Fühlen Sie sich wohl darin? Ist es Ihnen vielleicht schon viel zu klein? Müssen Sie erst eine Diät machen, bevor Sie es das nächste Mal tragen können?
- Wie alt ist das Teil, und müssen Sie sich nicht schämen, wenn es jemand auf Ihrer Wäscheleine erblickt?
- Wie viel Garnituren haben Sie davon, brauchen Sie wirklich so viele (z. B. Unterwäsche, Bettbezüge)?

Tipps zum Entrümpeln von Kleinkram

Beruf

- Schreibtischunterlage: Telefonnummern und Termine in Ihren Kalender eintragen.
- Ordner: Blätter sortieren und anhand eines Registers einordnen.
- Stifte: Brauchen die Kugelschreiber eine neue Mine, sind die Bleistifte gespitzt? Ansonsten sind Sie jedes Mal genervt, wenn Sie damit schreiben wollen.
- Computer: Der Explorer ist dafür da, Ihre Dateien in Ordnern und Unterordnern zu sortieren. Alles wahllos unter „Eigene Dateien" zu speichern, raubt Zeit und Nerven!
- Blumen: Stehen diese vergammelt in der Ecke und brauchen dringend Wasser? Ist es Zeit für eine neue Pflanze oder einen frischen Blumenstrauß?

Privat

- Fotos: Bevor diese stapelweise an verschiedenen Orten herumliegen, stecken Sie sie in eine Fotobox mit Register.
- Zeitschriften: Interessante Artikel ausschneiden und abheften, den Rest entsorgen.

- Schmuck: An was erinnert Sie das Teil, tragen Sie es häufig? Wenn es in irgendeiner Weise negative Energie ausstrahlt, spenden Sie es für einen guten Zweck, oder verschenken Sie es anderweitig.
- Parfumflaschen: Leere Sammlerstücke fangen viel Staub! Einige Düfte bringen Sie sofort wieder in Situationen, die Sie entweder mit guter oder mit schlechter Energie versorgen: Entscheiden Sie selbst, was damit geschehen soll!
- Briefe: Vielen fällt es schwer, sich von alten Briefen zu trennen, weil Sie uns noch mit der betreffenden Person verbinden. In Liebesbriefen spiegelt sich unsere eigene Wertigkeit wider, deswegen hängen wir so an ihnen: Entweder man schmeißt sie sofort weg oder nie, sagt ein altes Sprichwort. Legen Sie für solche Fälle ein extra schönes Schmuckkästchen oder eine extra Schublade an: Hier kommt alles rein, was noch Wert für Sie hat und immer haben wird.
- Gardinen: Sind sie frisch gewaschen, oder hängen sie schon seit einem Jahr vor Ihren Fenstern? Gefällt Ihnen das Muster noch oder ist mal Zeit für eine neue Farbe?
- Kissen: Sind sie frisch gewaschen? Können Sie einige davon auch vielleicht entbehren?
- Sammlertum: Wenn es am Anfang nur 2–3 Keramikenten waren, werden es mit der Zeit und mit jedem weiteren Besuch allmählich an die 100. Alles ist in Maßen schön! Wenn es zu viel wird und Ihre Wohnung belagert, fragen Sie sich, ob das Sammeln Ihnen vielleicht außer Kontrolle geraten ist. Vielleicht mögen Sie Ihre Enten gar nicht mehr. Sammlungen ketten uns oft an bereits Vergangenes und versperren uns so den Weg in die Zukunft.

> Den Reichtum eines Menschen kann man an den Dingen erkennen, die er entbehren kann, ohne seine gute Laune zu verlieren.
>
> **Henry David Thoreau**

Unerledigtes loslassen

Kleinkram

Dinge, die unerledigt sind, blockieren unsere Lebensfreude und Gelassenheit. Der Alltag ist voll davon. So schauen Sie jeden Morgen beim Aufwachen auf den Sessel, dessen Bezug schmutzig ist. Dann setzen Sie Kaffee auf, und die Maschine ist lange nicht entkalkt. Sie qualmt und ächzt vor sich hin, während Sie feststellen, dass auch die Milch alle ist. Schon etwas genervt, steigen Sie dann in Ihr Auto, und wie jeden Morgen begrüßt Sie der kleine Steinschlag auf der Frontscheibe. Das alles muss nicht sein!

Neuer Stress mit To-Do-Listen

„Also", denken Sie, „es müssen To-Do-Listen her." Keine schlechte Idee, doch im Grunde stressen Sie sich schon wieder. Ihr Leben besteht dann eher aus dem Abarbeiten und Organisieren von Kleinkram als aus dem wahren Leben selbst. Den ganzen Tag rennen Sie mit diesen kleinen Listen herum, und spätestens bei Punkt 15 von 30 bekommen Sie die Krise. Sie halten sich für unfähig im Vergleich zu den anderen, die anscheinend alles spielend leicht organisieren können.

Alles eine Frage der kleinen und großen Schritte! Schreiben Sie bitte jetzt auf, was zu erledigen ist, und lassen Sie sich Zeit, alle Bereiche durchzugehen. Keine Sorge: Diese To-Do-Liste ist nicht von Ihnen allein abzuarbeiten. Bitte kreuzen Sie an, was Sie abgeben können und was noch Zeit hat.

	von mir zu erledigen	wann	zu erledigen von	hat noch Zeit
Briefe beantworten				
Rechnungen schreiben				
Schuldnerberatung				
Reparaturen				
Entkalken der Kaffeemaschine				
Auto-Tüv, Ölwechsel etc.				
Arzttermin				
Friseur				
Steuererklärung				
…				

Prinzip des Abgebens

Die Dinge, die noch Zeit haben, notieren Sie in Ihrem Kalender. So können Sie sie jetzt loslassen und müssen sie nicht länger mit sich herumtragen. Kleine Dinge können Sie sofort erledigen.

Für die größeren Dinge gilt: Lieber einmal weniger mit der Freundin in die Sauna gehen und Ballast aus Ihrem Kopf entfernen. Geben Sie möglichst viele Dinge an andere ab. Sie müssen sicher nicht alles allein tun. Es gibt genug Dienstleister, die diese Sachen schneller und effektiver erledigen.

Ressourcen freisetzen

Kommt Ihnen nun das Argument „Wovon soll ich das denn bezahlen?" in den Kopf, so konzentrieren Sie sich in der frei gewordenen Zeit gelassen auf die Dinge, die Sie gut können und gerne machen. Dadurch stellt sich von selbst Geld ein.

Eine andere Möglichkeit ist die, dass Sie Ihre Ressourcen zum Tausch anbieten. Das heißt konkret, dass Sie z. B. jemanden suchen, der für Sie putzt und Sie dieser Person im Tausch anbieten, ihr dafür bei Formularen zu helfen.

Wie kann ich mein Leben durch Aufgabenverteilung vereinfachen?

- Putzfrau
- Gärtner
- Steuerberater
- Babysitter
- Buchhalter
- Ehrenämter
- Finanzcoach
- ...
- ...

Unerledigtes in Beziehungen

Durch das Entrümpeln Ihrer Wohnung gelangen Sie zu den Bereichen Ihres Lebens, die Sie innerlich blockieren und nicht frei sein lassen. Sie haben bislang festgestellt, wie stark die Unordnung in Ihrer Umgebung Sie belastete, ohne dass es Ihnen bewusst war. So gehen wir jetzt einen Schritt weiter und schauen uns das Unerledigte in Ihren Beziehungen an.

Bitte nehmen Sie sich ein Blatt Papier, und notieren Sie alle Menschen, mit denen Sie Kontakt haben. Daneben schreiben Sie, wann Sie diese zuletzt gesehen haben, ob Sie sich mit ihnen wohlfühlen. Danach entscheiden Sie, ob Sie sie wiedersehen wollen.

Von Bekannten und Freunden

Gibt es in Ihrem Umfeld Menschen, die Sie eigentlich lieber los wären und mit denen Sie sich schon länger unwohl fühlen? Wenn Sie sich weiter mit ihnen treffen, ohne auf Ihr Gefühl zu hören, missachten Sie sich selbst. Außerdem behindern Sie damit neue, erfüllende Beziehungen.
Manchmal kommen auch Freundschaften an einen Punkt, an dem Sie sich fragen, ob Sie sie weiterführen wollen. Wenn ja, planen Sie Ihr nächstes Wiedersehen. Wenn nein, ist es Zeit für ein klärendes Gespräch.

Von ungebetenen Gästen

Einige Bekannte oder Freunde verstehen es wunderbar, sich selber einzuladen. Das kann zu den unangenehmsten Verwicklungen führen, weil wir dann häufig Menschen, die wir mögen, vor den Kopf stoßen müssen. Hier gilt es, sich zu entscheiden, wer einem wichtiger ist, und gegebenenfalls deutlich Nein zu sagen. Prüfen Sie den Gedanken: „Wenn ich Nein sage, könnte das der Beziehung schaden?" – Meinen Sie wirklich, dass eine echte Freundin oder ein echter Freund durch Ihr Nein auf Abstand zu Ihnen geht? Er/Sie wird Sie umso mehr respektieren.

Wer schweigt, erweckt den Anschein, als stimme er zu. **Bonifatius VIII.**

Telefonterror

Es gibt Menschen, die ihren emotionalen Müll gerne bei anderen abladen, um sich danach besser zu fühlen. Wenn Sie eine Stunde am Telefon nicht zu Wort kommen und es nur um die Belange Ihres Gesprächspartners geht, entsteht ein Ungleichgewicht. Dem einen geht es nach dem Gespräch gut, Ihnen umso schlechter. Sie haben die ganzen negativen Energien abbekommen und wissen jetzt nicht wohin damit. Das kann nicht in Ihrem Sinne sein! Wenn es gute Freunde sind, werden sie Ihnen dankbar sein, dass Sie offen und ehrlich zu ihnen sind, und werden mit Ihnen einen neuen Weg der Kommunikation finden. Wenn es keine guten Freunde sind, werden sie sich bei jemand anderem ausweinen.

Sprachlose Paare

Gerade in Partnerschaften bleibt viel unausgesprochen und damit unerledigt. Wir warten immer auf den richtigen Zeitpunkt und ist der wieder mal verpasst, quälen wir uns mit Schuldgefühlen. Lernen Sie auch hier, die Dinge klar zur Sprache zu bringen. Notieren Sie sich, wo es Klärungsbedarf gibt, und bitten Sie Ihren Partner, sich für Sie eine halbe Stunde ungestört Zeit zu nehmen. Nennen Sie ihm Ihre Wünsche und Bedürfnisse. Dann kann er sagen, was er erfüllen kann und was nicht.

Wenn beide jedoch an einen Punkt gekommen sind, wo ein Gespräch nicht mehr möglich scheint, wird es höchste Zeit, Hilfe von außen in Form einer Partnerberatung zu suchen. Dritte können hier Wunder wirken und das Gespräch wieder in Gang bringen.

> Darin besteht die Liebe: dass sich zwei Einsame beschützen und berühren und miteinander reden.
> **Rainer Maria Rilke**

Checkliste 1

Krempel loslassen

	Entrümpelt	Geordnet	Gesäubert
Wohnzimmer			
Schlafzimmer			
Arbeitszimmer			
Küche			
Bad			
Keller			
Dachboden			
Abstellraum			
Balkon/Garten			
Flur			
Garage			
Auto			
Handtasche			
Aktentasche			
Terminplaner			
Computerfestplatte			
Werkzeugkiste			

Checkliste 2

Unerledigtes loslassen	
Kleinkram	
Haushalt	
Auto	
Persönliche und geschäftliche Korrespondenz	
Gesundheitspflege	

Checkliste 3

Unerledigtes in Beziehungen	
Bekannte	
Freunde	
Partner	

Das Wichtigste auf einen Blick

- In einem unordentlichen oder vollgestopften Zuhause können wir uns nicht frei und unbeschwert bewegen.
- Jede Art von Krempel, Gerümpel oder Unordnung bringt Stress in unser Leben.
- Der ganz gewöhnliche Krempel blockiert das freie Fließen der Energien.
- Wenn die Energien nicht frei fließen können, äußert sich das in Ihrem Organismus als Ermüdungserscheinung, Antriebslosigkeit, zunehmende Niedergeschlagenheit und dann Stress bis hin zur Erkrankung.
- Menschen, die viel ansammeln und sich nicht von Krempel lösen können, halten auf der psychischen Ebene an der Vergangenheit fest.
- Wenn die Lebensenergie frei durch unsere Wohnung fließen kann, kann sie auch frei durch uns fließen. Wir fühlen uns ausgeglichen, vital und kraftvoll. Es entwickelt sich Lebensfreude, Motivation und Kreativität.
- Fangen Sie jetzt mit dem Ausmisten an! Denken Sie daran: Alles muss einmal in Ihrer Hand gewesen sein!
- Unerledigte Dinge, wie Kleinkram oder Gespräche in Beziehungen, blockieren unsere Lebensfreude und Gelassenheit. Jetzt ist die Zeit für klare Worte!

2 Einschränkende Gedanken loslassen

Die Macht der Gedanken

Gedanken wirken, auch sie sind Energie. Sie bestimmen unser Bild von der Welt, von uns selbst und von den anderen. Indem wir dem, was wir denken, unsere ungeteilte Aufmerksamkeit schenken, ist die Wahrscheinlichkeit hoch, dass wir auch das bekommen, worauf wir sie richten. Denken wir Gedanken wie „Ich bekomme nie wieder einen Job, dazu bin ich viel zu alt" wird der Glaube an diesen Satz bewirken, dass wir uns lustlos, entmutigt und wertlos fühlen. In diesem Zustand bekommen wir genau das, was wir denken: keinen Job.

Stärkende und einschränkende Gedanken

Gedanken können uns in unserem Handeln stärken, wie z. B. „Ich kann alles erlernen" oder „Es gibt immer einen Weg". Diese Gedanken bestimmen unser Handeln positiv, indem sie uns mit unseren Fähigkeiten in Verbindung bringen. Gedanken, die uns dagegen in unserem Handeln einschränken, sind z. B. „Ich kann das nicht" oder „Ich bin nicht gut genug ausgebildet". Diese Gedanken hindern uns daran, etwas zu erreichen, obwohl wir alle Voraussetzungen dafür hätten.

> Wer heute einen Gedanken sät, erntet morgen die Tat, übermorgen die Gewohnheit, danach den Charakter und endlich sein Schicksal. **Gottfried Keller**

Die Realität richtet sich nach unseren Gedanken

Gedanken erschaffen unsere Realität. In der Physik gilt das Gesetz der Anziehung: Jeder Gedanke, den wir denken, zieht entsprechende Erfahrungen an. Je stärker der Gedanke ist, desto intensiver ist die Schwingung, die Frequenz, die der Gedanke aussendet, und genauso intensiv kommt das Echo, die Resonanz und liefert uns die passende Erfahrung, die dieser Frequenz entspricht. Stehen wir morgens auf und denken: „Mein Leben besteht nur noch aus Hetze und Stress", werden wir nach diesem physikalischen

Gesetz einen Tag voller Hetze und Stress bekommen. Würden wir uns dagegen am Morgen beispielsweise durch eine Meditation Ruhe und Ausgeglichenheit einüben, wären wir am Tag auch ruhig und ausgeglichen.

Bitte nehmen Sie sich einen Tag am Wochenende Zeit, um Ihre Gedanken wahrzunehmen. Stellen Sie mehrere Wecker an verschiedenen Orten auf, die im Abstand von einer halben Stunde klingeln. Legen Sie sich zu jedem Wecker einen Zettel und Stift bereit. Klingelt ein Wecker, so notieren Sie sich sofort den Gedanken, den Sie gerade gedacht haben. Am Ende des Tages tragen Sie bitte alle Gedanken, die Sie aufgeschrieben haben, auf einem Zettel zusammen.

Mithilfe dieser Übung erkennen Sie, wie viele Gedanken Ihnen am Tag durch den Kopf gehen, ohne dass sie Ihnen wirklich bewusst sind.
Stellen Sie sich folgende Fragen:

- Welchen Gedanken habe ich meine Aufmerksamkeit geschenkt?
- Waren es stärkende oder einschränkende Gedanken?
- Haben die Gedanken mir Stress oder Freude bereitet?
- Welche Gedanken will ich in Zukunft denken?

Gedanken an Mangel

Gedanken können unser Gefühl des Mangels stärken. Mit Sätzen wie „Ich werde von anderen nicht anerkannt" oder „Ich bin nicht erfolgreich genug" lenken wir unsere Energie auf das, was wir in unserem Leben vermissen. Wir fühlen uns weniger wert als andere und werden von der Umgebung entsprechend behandelt. Ein Mensch, der von diesen Sätzen überzeugt ist, wird in seiner Umgebung Beweise dafür suchen, dass sie wahr sind. Und er wird sicher Beweise finden, denn er ist darin sehr geschickt. Er ist sogar fähig, alles, was im Außen geschieht, auf seine Wahrheit umzudeuten. Wird er z. B. befördert, ist das nur deswegen, weil „die da oben einen Dummen brauchen". – Stoppen Sie dieses Mangeldenken, und verschließen Sie nicht länger die Augen davor, was Ihr Leben bereits alles erfüllt!

Nennen Sie drei Beispiele, wann Sie in letzter Zeit wirklich gelassen waren. Was hat das bewirkt? – Damit versetzen Sie sich in den Zustand der Gelassenheit.

Gedanken an Fülle

Wenn wir Gedanken der Fülle denken, wirkt sich das direkt auf unser Erleben aus. Sie haben die Macht, Gedanken zu denken wie „Ich bin vollkommen", „Ich habe alle Fähigkeiten in mir". Sagen Sie es, und fühlen Sie es. Geben Sie Ihre Kraft ab jetzt nur noch diesen Gedanken und dem dazugehörigen Gefühl. Was wir in das Universum schicken, kehrt zu uns zurück.

> Das Glück deines Lebens hängt von der Beschaffenheit deiner Gedanken ab.
>
> **Mark Aurel**

Gedanken gezielt einsetzen

Wie können wir unsere Gedanken für uns wirken lassen, nicht gegen uns? Indem wir wahrnehmen und prüfen, was wir denken. Die meiste Zeit denken wir in Problemen, wir befassen uns gedanklich mit Dingen, die uns nicht gefallen. Damit geben wir genau in das Energie, was wir nicht mehr wollen! Wir denken z. B., dass wir zu wenig Geld auf dem Konto haben. Damit geben wir dem Geldmangel Energie, und er wird zunehmen. Denken wir dagegen an das, was wir stattdessen wollen, kann die Energie in diese Richtung fließen, und wir sind unserem Wunschzustand einen entscheidenden Schritt näher!

Wichtig ist neben der visuellen Vorstellung des Wunschzustandes auch das dazugehörige Gefühl zu spüren. Verbleiben Sie einen Moment in diesem Gefühl, denn es wird Ihnen die Richtung vorgeben.

> Der Gedanke legt den Grund für die Tat.
>
> **Helmuth Graf von Moltke**

Positives Formulieren

Bitte formulieren Sie Ihren Wunschzustand immer positiv wie: „Ich möchte gelassener sein". Negativ formulierte Sätze führen uns in die Irre. Das Wort „nicht" kann unser Unterbewusstsein nicht erfassen, es hört also genau das, was Sie eigentlich nicht mehr wollen. Nehmen wir den Satz: „Ich will nicht mehr so gestresst sein", damit sind wir direkt in dem Zustand des Stresses, schon allein durch die Formulierung! Das Unterbewusste hört demnach: „Ich will mehr so gestresst sein".

Denken Sie bitte an ein Problem, das Sie zurzeit beschäftigt. Bitte formulieren Sie das Problem in einem Satz mit „Ich will nicht mehr…“, und schreiben Sie es auf. Jetzt schreiben Sie darunter, was Sie stattdessen wollen, also „Ich will …“. Dann fragen Sie sich, wie Sie sich fühlen würden, wenn Sie das bekämen, was Sie wollen. Geben Sie dem Ziel und dem Gefühl öfter am Tag Aufmerksamkeit!

Positives Denken allein reicht nicht

Positives Denken entsteht, wenn wir unsere einschränkenden Gedankenmuster loslassen. Jedoch ist es nicht allein das Denken, das zu einer Veränderung führt. Wenn wir den Satz: „Ich kann nicht schwimmen“ ersetzen durch „Ich kann schwimmen“ und einfach ins kalte Wasser springen, ist das nicht von Vorteil. Es geht darum, das Einschränkende der Gedanken wahrzunehmen, es zu überprüfen, sich ein neues Ziel zu setzen und zu fühlen, was entstünde, wenn wir das Ziel erreicht hätten. Folglich wird der einschränkende Gedanke „Ich kann nicht schwimmen“ zu „Ich schwimme“. Sie stellen sich vor zu schwimmen und fragen sich, wie es sich anfühlt. Danach können Sie die Entscheidung treffen, ob Sie an einem Schwimmkurs teilnehmen möchten. Wenn Sie dann das Schwimmen erlernt haben, haben Sie die neue Erfahrung gemacht, all das erlernen zu können, was Sie sich vornehmen. Diese Erfahrung ist entscheidend, „positives Denken“ allein reicht nicht.

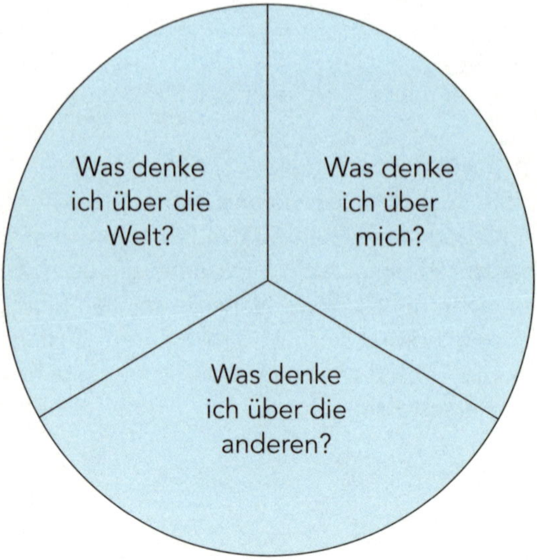

Gedanken über die Welt loslassen

Neben den Gedanken über uns selbst und über andere sind unsere Gedanken über die Welt von Bedeutung. Diese Gedanken bestimmen, ob wir uns sicher und geborgen fühlen oder unsicher und ängstlich. Wenn ich denke, die Welt ist voller Gefahren, bin ich ängstlich. Wenn ich denke, die Welt ist voller Wunder, fühle ich mich sicher.

Unser Weltbild

Sie selbst machen die Welt durch Ihre Gedanken zu einer guten oder schlechten Welt. An sich ist die Welt, wie sie ist, weder gut noch schlecht. Sie können sich entscheiden, wie Sie sie sehen wollen. Wenn Sie sie als gut ansehen, wird Ihnen auch viel Gutes passieren. Wenn Sie sie als schlecht ansehen, ist die Gefahr deutlich höher, dass Ihnen Schlechtes passiert. Hier wirkt das Gesetz der Anziehung!

> An sich ist nichts weder gut noch böse. Das Denken macht es erst dazu.
> **William Shakespeare**

Bitte nehmen Sie sich für die Beantwortung der folgenden Fragen Zeit und Ruhe.

Die Welt ist …

dunkel	☐	hell	☐
bedrohlich	☐	wunderbar	☐
grau	☐	bunt	☐
langweilig	☐	interessant	☐

Fühlen Sie sich mit der Welt verbunden? ______________________

Wenn ja, wann und wodurch? ______________________

Wozu sind Sie auf der Welt? ______________________

Wird die Welt dadurch besser, dass Sie leben? ______________________

Gedanken über sich selbst loslassen

Neben den Gedanken über die Welt und andere prägen uns vor allem die Gedanken über uns selbst. Wie schätzen wir uns selbst ein, was halten wir von uns? Viele dieser Gedanken beachten wir nicht und können sie durch gezieltes Fragen in unser Blickfeld rücken.

Was denken Sie über sich?

Bitte ergänzen Sie jetzt spontan die unvollendeten Sätze.

Über Ihr Leben:

Mein Leben ist … ______________________________

____

Über sich selbst:

Ich bin … ______________________________

Ich bin nicht … ______________________________

Ich gehöre zu … ______________________________

Ich darf nicht … ______________________________

Ich kann gut … ______________________________

Ich kann nicht … ______________________________

Ich sollte … ______________________________

Ich sollte nicht … ______________________________

Ich muss … ______________________________

Ich mag … ______________________________

Ich mag nicht … ______________________________

Welche Gedanken wollen Sie loslassen und durch andere ersetzen? Was können Sie selbst dafür tun, dass diese neuen Gedanken in Ihrem Leben Wirkung entfalten?

____

____

____

Stellen Sie sich vor, Sie würden sich aus der Vogelperspektive beobachten und beurteilen:

Wie sieht die Person aus? ____________________

Ist die Person gerne in Gesellschaft? ____________________

Ist die Person gerne mit sich allein? ____________________

Was für Gewohnheiten hat sie? ____________________

Was macht sie besonders gern? ____________________

Wann vergisst sie Zeit und Raum? ____________________

In welcher Situation mag die Person sich nicht? ____________________

Entstehen von Gedankenmustern

Gedankenmuster entstehen aus wiederholt gemachten Erfahrungen in der Vergangenheit. Vor allem negative Erfahrungen können sehr intensiv sein, und wir neigen dazu, sie zu verallgemeinern, wie z. B. „Männer hören nie zu", „Frauen nörgeln nur herum". Viele dieser Gedankenmuster haben wir von unseren Eltern übernommen. Das ist besonders der Fall, wenn wir Sätze mit „sollen", „dürfen" oder „müssen" benutzen. In unseren Köpfen finden sich zahlreiche solcher Beispiele wie „Ich sollte brav sein", „Ich darf nicht wütend werden", „Ich muss viel lernen, um erfolgreich zu sein".

Bitte nehmen Sie heute bewusst wahr, wie oft Sie denken: „Ich muss ....". Legen Sie sich einen Zettel bereit, und notieren Sie diesen Satz jedes Mal, wenn es Ihnen auffällt.
Nehmen Sie am Ende des Tages das Blatt zur Hand, und gehen Sie die einzelnen Sätze durch. Fragen Sie sich:
Muss ich das wirklich?
Was passiert, wenn ich es nicht tue?

Beim nächsten Mal, wenn Sie „Ich muss" denken, denken Sie „Ich will" oder – noch besser: Tun Sie es einfach, ohne sich Vorschriften zu machen!

Einschränkende Gedankenmuster

Denken Sie für einen Augenblick an eine Überzeugung, von der Sie sich eingeschränkt fühlen. Schreiben Sie sie auf.
Beispiel: Wenn ich Nein sage, mag mich der andere nicht mehr.

___

___

Nun stellen Sie sich vor, wie Sie Ihr Leben bis jetzt mit dem Glauben an diesen Satz gelebt haben. Wie wird sich Ihr Leben in der Zukunft gestalten, wenn Sie weiterhin daran festhalten? – Sie erschaffen Ihr zukünftiges Leben, niemand sonst.

Nun ersetzen Sie die einschränkende Überzeugung durch eine stärkende, die Ihnen Selbstvertrauen gibt. Schreiben Sie sie auf.
Beispiel: Wenn ich Nein sage, respektiert mich auch der andere, weil ich selbst zu mir stehe.

___

___

Nun stellen Sie sich vor, wie sich Ihr Leben mit diesem Satz positiv verändern würde?
Was können Sie in den nächsten drei Tagen tun, um die neue Überzeugung umzusetzen?

___

___

___

Nehmen Sie sich ein Blatt Papier, und schreiben Sie eine Verhaltensweise von sich auf, die Sie gerne verändern möchten.
Beispiel: Ich rauche.

Nennen Sie mindestens fünf Gründe, warum Sie dieses Verhalten bis jetzt beibehalten haben!

Beispiel:
1. Ich kann einfach nicht aufhören.
2. Mir fehlt das nötige Durchhaltevermögen.
3. Ich kann mich schlecht entscheiden.
4. Meine Freunde mögen mich so mehr.
5. Ich brauche Zigaretten, um mich zu beruhigen.

Nennen Sie mindestens fünf Vorteile, die das Verhalten mit sich bringt!

Beispiel:
1. Ich sehe cool aus.
2. Ich komme mit Menschen schneller in Kontakt.
3. Ich werde gemocht.
4. Ich bekomme Anerkennung.
5. Ich fühle mich besonders.

Das alles sind Denksätze, die Sie daran hindern, mit dem Rauchen aufzuhören. Fragen Sie sich, wie wahr diese Sätze wirklich sind. Können Sie z. B. sicher sein, dass man Sie nicht mehr mag, wenn Sie mit dem Rauchen aufhören?

Probleme und Krisen

Probleme und Krisen entstehen nicht, ohne dass wir an ihnen beteiligt sind. Unsere Gedanken sind Teil des Problems. Wir erleben immer auch das, wovon wir innerlich überzeugt sind. Das Problem bringt sozusagen unsere im Unterbewusstsein steckenden Überzeugungen zum Vorschein.

Welches Problem sehen Sie zurzeit in Ihrem Leben?
Beispiel: Ich habe keinen Partner.

Welche Gedanken haben Sie in diesem Fall über

Beziehungen ______________________________

____

Ehe ______________________________

____

das andere Geschlecht ______________________________

____

Freizeit ______________________________

____

Freiheit ______________________________

____

Nähe ______________________________

____

Distanz ______________________________

____

Welche dieser Gedanken stehen im unmittelbaren Zusammenhang mit dem Problem? Was haben Sie selbst dazu beigetragen, dass das Problem entstanden ist?

____

____

____

Gedanken über andere loslassen

Gedanken über andere können liebend und bewundernd sein oder verurteilend und abwertend. Je nachdem, was wir von dem anderen denken, fühlen wir uns gut oder schlecht.

Urteile über andere

Viele Menschen neigen dazu, das Äußere direkt in Gut oder Schlecht einzuteilen. Der Nachbar mäht den Rasen nicht, also ist er faul. Ihr Vermieter hat letzte Woche mehr Miete verlangt, also ist er geldgierig. Wir sehen die Dinge nicht einfach so, wie sie sind, sondern drücken ihnen unseren Bewertungsstempel auf. Dass wir uns damit selbst verletzen, merken wir nicht. Denn in allem, was wir ablehnen, lehnen wir auch immer einen Teil von uns selbst ab. Diesen Teil haben wir irgendwann von uns abgespalten, jedoch wirkt er im Innern weiter und zeigt sich äußerlich als Verurteilung des Teils bei einem anderen Menschen. Die anderen zeigen uns immer, wo wir etwas von uns ablehnen.

Judith ist eine selbstständige Unternehmerin, die stolz darauf ist, sich ihren eigenen Lebensunterhalt zu verdienen. Ihre Beziehung wird in letzter Zeit durch zunehmende Eifersucht auf eine harte Probe gestellt. Sie ist vor allem auf Frauen eifersüchtig, die sich von Männern „aushalten lassen", „so hilflos und schwach sind" und „es sich auf deren Kosten gut gehen lassen", ohne dafür zu arbeiten. Nach einigen Therapiesitzungen erkennt sie, dass sie selbst die Sehnsucht danach hat, nicht immer die Starke sein zu müssen. Sie würde sich auch gern einmal versorgen, ein paar Tage die Seele baumeln lassen. Doch das hat sie bislang verdrängt. Als sie sich diesen Wunsch eingesteht, beginnt sie ihren abgespaltenen Teil der hilflosen, schwachen Frau zu integrieren, sie muss ihn nicht länger auf andere Frauen projizieren. Die Eifersucht beginnt sich aufzulösen.

Lästern ist tabu

Wer gelassen werden will, kommt nicht umhin, seine Urteile über andere loszulassen. Jeder Mensch hat seine eigene Geschichte, seine Werte und Ziele. Wir alle nehmen die Welt unterschiedlich wahr. Deshalb ist meine individuelle Art, die Welt wahrzunehmen, nicht die einzig richtige und folglich die des anderen nicht einfach eine falsche. Seien Sie, wie Sie sind, und lassen Sie den anderen, wie er ist.

Wer seine Gedanken nicht auf Eis zu legen versteht, der soll sich nicht in die Hitze des Streites begeben. **Friedrich Nietzsche**

Selbstwert

Wenn wir über andere ein Urteil fällen und sie abwerten, sie also für weniger wert halten, meinen wir indirekt unseren eigenen Wert zu erhöhen. Wo wir andere abwerten, werten wir uns auf. Wenn ich also über meine Kollegin denke, dass sie zu viele Pausen macht, bewerte ich mich als besser, weil ich weniger Pausen mache. Dahinter steckt keine Böswilligkeit von uns, ganz im Gegenteil, es zeigt eher, dass wir ein Bedürfnis haben, unser Selbstbild aufzupolieren. Nur warum? Es kann doch nur einen Grund geben: weil wir insgeheim gar keine so gute Meinung von uns haben. Wenn wir uns lieben würden, könnten wir auch den anderen so sein lassen, wie er ist. Es wäre seine Angelegenheit und hätte mit uns nichts zu tun.

> Gefährliche Gedanken sind gleich Giften, die man zuerst kaum wahrnimmt am Geschmack, allein nach kurzer Wirkung auf das Blut gleich Schwefelminen glühn.
> **William Shakespeare**

Der andere als Spiegel

Sollten wir auf bestimmte Menschen negativ reagieren, ist das auch immer eine Chance, uns selbst ein bisschen besser kennenzulernen. Der andere ist unser Spiegel. Er zeigt uns etwas, was zu uns gehört. Wenn z. B. eine Frau ihren Mann kritisiert, dass er sich nicht um sie kümmert, kann es sein, dass die Frau sich ebenfalls nicht kümmert – und zwar um sich selbst.

Was denken Sie über andere?

Über Ihren Chef/Ihre Chefin:

Er/Sie ist …	Er/sie sollte … sein.
______________________	______________________

Über Ihre Kollegen:

Sie sind …	Sie sollten … sein.
______________________	______________________

Über Ihre Eltern:

Sie sind …	Sie sollten … sein.
______________________	______________________

Über Ihre Kinder:

Sie sind …	Sie sollten … sein.
______________________	______________________

Über Ihren Partner:

Er/Sie ist …	Er/Sie sollte … sein.
______________________	______________________

Über Ihre Freunde:

Sie sind …	Sie sollten … sein.
______________________	______________________

Setzen Sie für „Er/Sie" das Wort „Ich" ein.
Treffen die Urteile auch auf Sie zu?

Der andere ist nur der Auslöser

Wenn uns jemand beleidigt, geben wir ihm gerne die Schuld an unserer Reaktion. Die Beleidigung ist aber immer nur der Auslöser für unsere Gedanken und Gefühle. Wie wir auf die Beleidigung reagieren, z. B. mit Wut, Hilflosigkeit oder Humor, ist unsere Entscheidung. Dafür sind wir verantwortlich. Die Frage nach der Schuld hilft hier keinen Schritt weiter. Wir haben die Macht zu entscheiden, wie wir reagieren wollen! Also, wie wollen Sie in Zukunft reagieren?

Susanne ist Sekretärin in einem großen Unternehmen. Ihr Chef bekommt von Zeit zu Zeit Wutausbrüche und schreit sie an, dass sie schlampig arbeite. Susanne reagiert jedes Mal völlig hilflos und geschockt. Sie glaubt ihrem Chef, dass sie schlampig arbeitet. Sie glaubt auch, dass er sie mit Recht anschreit. Sie glaubt weiter, dass sie unfähig ist. Erst mithilfe einer Therapie wird ihr klar, dass nicht der Chef das Problem ist, sondern es die Überzeugungen sind, die sie von sich selber hat.

Etwas persönlich nehmen

Der Kommunikationspsychologe Schulz von Thun präsentiert in seinem Klassiker „Miteinander reden" das 4-Ohren-Modell[1]. Wenn wir Nachrichten empfangen, hören wir nicht nur auf einem Ohr, sondern wir haben vier Möglichkeiten, den empfangenen Satz zu hören. Auf dem Beziehungs-Ohr setzen wir das Gehörte mit uns in Beziehung. Jeder Satz des Chefs, jede noch so flüchtige Bemerkung der Kollegin werden als „Angriff" auf die eigene Person gesehen. Wenn jemand uns anschreit, haben wir versagt, wenn jemand uns anlacht, lacht er uns aus. Manchmal meinen wir, die andere Person sei morgens nur aufgestanden, um uns zu ärgern. Etwas anderes kann diese Person nicht im Sinn haben! – Verständlicherweise reagieren wir mit Wut, Abwehr oder Hilflosigkeit.

Von daher rühren auch die meisten Streitigkeiten, indem die Menschen ihre Gedanken nicht richtig darstellen oder die Gedanken des andern falsch deuten.
Baruch de Spinoza

Nachrichten auf einer anderen Ebene wahrnehmen

Wenn wir die Nachricht auf einer anderen Ebene empfingen, könnten wir anders reagieren. Auf dem Sach-Ohr hören wir die Nachricht nur gemäß ihrem Sachgehalt. Die Frage lautet: Was will mir der andere rein sachlich sagen? Das Selbstoffenbarungs-Ohr empfängt das Geschrei des Kollegen als etwas, das mit dem Kollegen zu tun hat und nicht mit uns. Die Frage hier lautet: Was sagt das über die Person aus, die gerade schreit? Auf dem Appell-Ohr hören wir, was der andere möchte, das wir für ihn tun. – Sie sehen, es gibt eine Vielzahl von Reaktionsmöglichkeiten, und es sind immer Sie, der entscheidet, was Sie hören! Und Sie entscheiden, wie Sie reagieren! So entscheiden Sie auch, wie Sie sich fühlen!

> Nichts ist einem Menschen so überraschend wie seine eigenen Gedanken.
> **Henry David Thoreau**

Der Zwang zu grübeln

- Stellen Sie sich vor, Sie sitzen im fortgeschrittenen Alter auf Ihrem Lieblingssessel. Sie blicken auf das Problem zurück, das Sie damals beschäftigte. Welchen Stellenwert, meinen Sie, hat das Problem im Rückblick? Haben sich die vielen Gedanken gelohnt?
- Werden Sie das Problem überleben? Können Sie trotz des Problems noch sitzen, gehen, essen und reden? Gelassen reagieren wir nur, wenn wir das Problem durch unser Grübeln nicht schlimmer machen, als es ist.
- Meditation: Wer sich durch Meditation, autogenes Training oder Yoga auf das Innere konzentriert, kann nicht gleichzeitig von seinen Gedanken überflutet werden. Die Flut von Gedanken geht zurück. Sie werden ruhiger.
- Wenn der Zwang zu grübeln Sie gefangenhält, visualisieren Sie ein Stoppschild. Das signalisiert Ihnen, dass Sie sich gedanklich mit einer anderen Person befassen. Fragen Sie sich, in welcher Angelegenheit Sie sich gerade befinden, und richten Sie Ihre Gedanken auf sich selbst.
- Viele von uns glauben immer noch, wir könnten für andere Probleme lösen. Damit tun wir uns und dem anderen keinen Gefallen. Jeder kann nur für sich allein sein Problem lösen. Wir können ihnen höchstens zur Seite stehen, indem wir zuhören. Das ist alles. Jeder weitere Gedanke an die Probleme anderer Leute hält uns nur davon ab, uns mit unseren eigenen Problemen zu beschäftigen.
- Die Amerikanerin Byron Katie hat eine Methode entwickelt, die sie selbst „The Work“[2] (Die Arbeit) nennt und mit der jeder stressige Gedanke über jemand anderen anhand von vier Fragen überprüft werden kann. Sie fragt nach unseren Reaktionen auf die Gedanken und wie wir uns dem anderen gegenüber verhalten, wenn wir etwas über ihn denken. Mit der Frage, wer wir ohne diesen Gedanken wären, bringt sie uns in einen

Zustand der inneren Ruhe. Ohne unsere stressigen Gedanken über jemand anderen befinden wir uns bei uns selbst und können unsere Urteile über den anderen loslassen. Wir verhalten uns ihm gegenüber mit Respekt und Klarheit.

Checkliste 1

Lassen Sie Ihre einschränkenden Gedanken los!	
Auflistung Ihrer einschränkenden Gedanken:	
Über die Welt:	
Über sich selbst:	
Über andere	
Chef:	
Kollegen:	
Eltern:	
Kinder:	
Partner:	
Freunde:	
Auflistung Ihrer stärkenden Gedanken:	
Über die Welt:	
Über sich selbst:	
Über andere	
Chef:	
Kollegen:	
Eltern:	
Kinder:	
Partner:	
Freunde:	

Checkliste 2

Einschränkendes Verhalten, das Sie ändern möchten:

Neues Verhalten, das Sie erlernen möchten:

Das Wichtigste auf einen Blick

- Gedanken wirken, sie sind Energie. Es gibt einschränkende und stärkende Gedanken.
- Gedanken erschaffen Realität. Sie sind verantwortlich für das, was Sie denken. Denken Sie in Fülle, nicht in Mangel.
- Sie selbst machen die Welt durch Ihre Gedanken zu einer guten oder schlechten Welt.
- Probleme und Krisen entstehen nicht, ohne dass Sie an ihnen beteiligt sind. Ihre Gedanken sind Teil des Problems.
- In allem, was Sie an anderen ablehnen, lehnen Sie einen Teil von sich selbst ab.
- Wenn Sie über andere ein Urteil fällen und sie abwerten, sie also für weniger wert halten, versuchen Sie, Ihren eigenen Wert zu erhöhen.
- Der andere ist unser Spiegel, er zeigt uns etwas, was zu uns gehört.
- Der andere ist immer nur der Auslöser für Ihre Gedanken und Gefühle. Sie sind für Ihre Gefühle und Gedanken verantwortlich, nicht der andere.
- Empfangen Sie Botschaften nicht länger auf dem Beziehungs-Ohr, nehmen Sie es nicht „persönlich". Empfangen Sie die Nachricht auf einer anderen Ebene, so können Sie sachlicher und verständnisvoller reagieren.

3 Einengende Gefühle loslassen

Angst essen Seele auf[1]

„Gelassenheit ist eine Tugend, die die Hitzköpfe mäßigt, die Trostlosen vertrauensvoll in die Zukunft blicken lässt, die Ungeduldigen zügelt, die Enttäuschten aufmuntert, die Aggressiven entschärft." **Annemarie Pieper**[2]

Loslassen der einengenden Gefühle bedeutet, sie zunächst wahrzunehmen. Wir lernen, rechtzeitig Impulse zu erkennen und müssen ihnen nicht mehr blind nachgeben. Wut oder Angst können sich durch bewusste Aufmerksamkeit und liebende Annahme in Liebe und Freude wandeln.

Gefühle wahrnehmen

Leider sind viele von uns in ihrer Kindheit nicht dazu ermutigt worden, Gefühle wahrzunehmen und sie zu zeigen. Wenn wir wütend waren, bekamen wir strafende Blicke. Wenn wir traurig waren, hieß es gleich, ein so großer Junge weint doch nicht. Wir haben also seit frühester Kindheit gelernt, dass es besser ist, Gefühle für uns zu behalten oder sie ganz zu unterdrücken. Auch heute noch wird jemand, der in Kontakt mit seinen Gefühlen ist und sie anderen mitteilt, als zu weich oder komisch abgewertet. Wir sollten uns hier fragen, in was für einer Welt wir weiterhin leben wollen. Eine Welt, die Gefühle, wie Wut und Trauer, unterdrückt, wird auch eine Welt sein, die Freude und Liebe unterdrückt.

Jedes schöne Gefühl hat seine Tränen.

Ludwig Bechstein

Schmerz ablehnen heißt Freude ablehnen

Wenn wir uns entscheiden, unangenehme Gefühle wie Leid, Wut, Angst abzulehnen, sie einfach nicht haben wollen, lehnen wir damit auch Gefühle wie Freude, Liebe und Zuversicht ab. Wenn wir die Gefühle in der ganzen, ihnen eigenen Fülle zurückweisen, blockieren wir in uns den Fluss des Lebens, der aus dem Zusammenspiel von Hell und Dunkel besteht. Ohne Leid etwa können wir nicht wissen, was wahre Freude ist.

Echte Gefühle

Viele drücken ihre Gefühle aus, indem sie zwar einen Satz mit dem Verb „fühlen" bilden, aber kein Gefühl benennen. Nehmen wir den Satz „Ich habe das Gefühl, dass er mich einfach nicht respektiert". Dieser Satz drückt kein Gefühl aus, sondern stellt lediglich einen Gedanken dar. Das dahinter liegende Gefühl könnte hier Hilflosigkeit oder Traurigkeit sein. Oder nehmen wir den Satz „Ich habe das Gefühl, ich bin immer der Blöde". Der Satz verbirgt das Gefühl von Wut und Ärger. Wenn wir nicht lernen, unsere Gefühle auszudrücken, sind wir weder mit uns noch mit dem anderen in Kontakt. Marshall B. Rosenberg hat hier mit seiner Methode der Gewaltfreien Kommunikation[3] einen wichtigen Beitrag geleistet. Durch bewertungsfreies Beobachten und einfühlsames Verstehen sind wir in der Lage, dem anderen unsere Bedürfnisse und Bitten mitzuteilen.

Gefühle ausdrücken

Wie fühlen Sie sich, wenn:
Ihnen ein Parkplatz vor der Nase weggeschnappt wurde?
Beispiel: hilflos, wütend

Sie ein Auto von hinten mit der Lichthupe blendet?

____

Sie von einem Hund angebellt werden?

____

Sie einen Verkehrsunfall beobachten?

____

Sie eine Prüfung bestanden haben?

____

Sie Besuch von einem Freund bekommen?

____

Bedürfnisse wahrnehmen

Nehmen Sie sich jetzt jedes Beispiel einzeln vor, und fragen Sie sich, welches Bedürfnis verletzt bzw. erfüllt wurde.
Beispiel: Respekt, Anerkennung, Sicherheit, Erfolg, Freude

Der andere ist schuld an meinem Gefühl

Manchmal meinen wir, wir seien unseren Gefühlen hilflos ausgeliefert. Reflexartig reagieren wir auf eine Geste des Partners mit unbändiger Wut. Da ist es einfach, den Partner dafür verantwortlich zu machen. Gerade das aber lässt uns hilflos erscheinen: Ich gebe meine Macht ab an den anderen. Wenn wir dagegen unsere Gefühle selbst erzeugen, ist der andere nur ein Auslöser. Dann sind wir selbst in der Lage zu entscheiden, wie wir darauf reagieren und wie wir uns fühlen wollen!

Gefühle erzeugen wir selbst

Unsere Gefühle erzeugen wir selbst. Der Beweis dafür ist einfach: Jeder reagiert auf die gleichen äußeren Reize völlig unterschiedlich. Den einen macht es wild, wenn jemand ihn auf der Autobahn bedrängt, der andere lacht und macht sich einen Spaß daraus. Gefühle sind unser Unbewusstes in Aktion. Wir können uns daher mit negativen Gefühlen immer nur selbst verletzen. Also, wie wollen Sie sich in Zukunft fühlen?

Erinnern Sie sich daran, als Sie das letzte Mal verliebt waren.
Wie haben Sie sich da gefühlt?
Erinnern Sie sich daran, als Sie Ihren Führerschein o. Ä. bestanden haben. Wie haben Sie sich da gefühlt?
Erinnern Sie sich daran, als Sie das letzte Mal das Meer gesehen haben. Wie haben Sie sich da gefühlt?
Das ist der Beweis, wir brauchen keine besonderen äußeren Umstände um uns gut zu fühlen. Wir können das Gefühl der Liebe und Freude jederzeit in uns selbst erzeugen.

> Freude ist der Übergang des Geistes in einen perfekteren Zustand. Schmerz dagegen ist der Übergang in einen niedrigeren Zustand.
>
> **Baruch de Spinoza**

Gefühle nicht werten

Wie bei den Gedanken, gibt es auch bei den Gefühlen keine einfach guten und schlechten. Sie können nur zu stark oder zu schwach ausgeprägt sein, zu häufig oder zu selten auftreten. Es kommt also darauf an zu schauen, welche Gefühle in unserem Leben Vorrang haben. Wenn wir uns sehr häufig ärgern, kann das ein Zeichen dafür sein, dass wir Dinge zu persönlich nehmen. Oder wenn wir oft traurig sind, kann es sein, dass wir wenig Selbstwertgefühl haben und stark abhängig von den Meinungen anderer sind. All das können wir erforschen, wenn wir anfangen, unsere Gefühle bewusst wahrzunehmen.

Welche Gefühle bestimmen Ihr Leben? Bitte nehmen Sie sich Zeit, schaffen Sie sich einen Raum, um sich der Aufgabe in Ruhe zu widmen. Kreuzen Sie die Gefühle an, die Ihnen vertraut sind, die Sie öfter fühlen. Und machen Sie ein Minuszeichen hinter die Gefühle, die Sie kaum fühlen oder gar nicht.

Wut	☐	Liebe	☐
Hass	☐	Mitgefühl	☐
Traurigkeit	☐	Freude	☐
Angst	☐	Glück	☐
Schuld	☐	Zufriedenheit	☐
Scham	☐	Ausgeglichenheit	☐
Einsamkeit	☐	Gelassenheit	☐
Neid	☐	Freiheit	☐
Rache	☐	Lebendigkeit	☐
		Ruhe	☐

Bitte stellen Sie sich folgende Fragen:
Welche Gefühle haben Sie öfter, welche gar nicht? Welches Gefühl meiden Sie? Was befürchten Sie, wenn Sie diese Gefühle zulassen würden?
Was wäre Ihnen möglich, wenn Sie diese Gefühle auch spüren würden? Welche Auswirkungen hätte das auf Ihr Leben, Ihre Beziehungen und Ihr Selbstbild?

Widerstand gegen unangenehme Gefühle

Wenn wir unangenehme Gefühle ablehnen, befinden wir uns im Widerstand. Dieser Widerstand bedeutet, dass wir einen Kampf gegen uns selbst führen. Wir lehnen jenen Teil von uns ab, der diese Gefühle produziert. Damit lehnen wir uns selbst in unserer Ganzheit ab, denn auch unangenehme Gefühle gehören zu uns.

Denken Sie an die letzte Unterhaltung mit Ihrem Freund zurück. Kamen da Gefühle zur Sprache? Wie wäre es, wenn Sie bei dem nächsten Treffen davon sprechen würden, wie Sie sich mit dem Problem fühlen, das Sie zurzeit beschäftigt? Oder noch besser: Wie fühlen Sie sich in der Gegenwart Ihres Freundes?

Der Mensch hat überhaupt nichts gesehen, wenn er nichts gefühlt hat.
Henry David Thoreau

Gefühle annehmen

Das Gefühl wirklich zu fühlen ohne einen Gedanken, dass es ein schlechtes Gefühl ist, gibt uns die Möglichkeit, das Gefühl in Ruhe zu beobachten. Das Gefühl ist da. Es ist. Schauen Sie ihm ins Auge. Entdecken Sie die Schönheit des Gefühls! Nur Ihre Bewertung hat es zu einem unangenehmen Gefühl gemacht. Ohne Bewertung kann Angst ein interessantes Kribbeln sein, eine freudige Erregung! Wie anders würde Ihr Leben verlaufen!

Holen Sie sich Hilfe

Sie können in Ihren Prozess, Ihre Gefühle wahrzunehmen, auch eine dritte Person einbeziehen. Das macht es vielen einfacher, an Gefühle heranzukommen. In dem Buch „Ich muss mich nicht für alles verantwortlich fühlen" von Gary B. Lundberg und Joy Saunders Lundberg heißt es passend: „Man sollte einem Menschen erlauben, so tief in seine Gefühle hineinzugehen, wie es notwendig ist. Wenn man ihn dabei begleitet, kommt er aus eigener Kraft wieder aus ihnen heraus."[4] Diese Aufgabe kann ein Coach oder Therapeut übernehmen, manchmal reicht auch ein guter Freund.

Wir ziehen an, was wir senden

Gemäß dem Gesetz der Anziehung bekommen wir das zurück, was wir aussenden. Wer also ängstlich ist, sendet dieses Gefühl ins Universum aus und wird Reaktionen erhalten sowie weitere Erfahrungen machen, die ihn noch ängstlicher werden lassen. Wer jedoch Gefühle wie Liebe und Gelassenheit aussendet, wird auch Liebe und Gelassenheit als Antwort erhalten.

> Die Rach' ist eine Lust, die währt wohl einen Tag;
> die Großmut ein Gefühl, das ewig freun dich mag. **Friedrich Rückert**

Gefühle und Gedanken

Wenn uns ein Gefühl ganz einzunehmen droht, können wir nicht mehr klar denken. Jedoch ist es gerade dann wichtig, den Gedanken bewusst wahrzunehmen. Oft ist es nämlich der Gedanke, der verletzt, nicht die Umstände oder Personen. Das Gute daran ist, dass wir nun den Gefühlen nicht mehr hilflos ausgeliefert sind, sondern den Gedanken vor dem Gefühl auf Wahrheitsgehalt überprüfen können. Können wir absolut sicher sein, dass der Gedanke wahr ist? Wie leben wir mit dem Gedanken, und wie würden wir ohne den Gedanken leben?[5]

Gefühle	Dazugehörige Gedanken
Abhängigkeit	Ich brauche Liebe und Anerkennung. Ich brauche meinen Partner/Freund/Beruf.
Hilflosigkeit	Keiner liebt mich. Ich bin ganz allein. Ich bin nicht gut genug. Andere können …, aber ich nicht. Er/Sie ist schuld, dass ich leide.
Wut	Er/Sie will mir was wegnehmen. Ich habe recht. Ich trage die Verantwortung. Er/Sie soll mir gehorchen. Ich bin der Boss. Sie hören mich nicht.
Ohnmacht	Ich kann ohne … nicht leben. Nur … kann mich glücklich machen. Ich brauche … Mir passiert was, was ich nicht beeinflussen kann. Ich habe keine Macht über mich/die Situation.

Eifersucht	Mein Partner gehört mir. Er/Sie will mir meinen Partner wegnehmen. Er/Sie hat den anderen lieber als mich.
Neid	Er/Sie ist besser, schöner, intelligenter, erfolgreicher als ich.
Trauer	Er/Sie hat mich allein gelassen. Niemand kümmert sich um mich.
Hoffnungslosigkeit	Die Krankheit ist unheilbar. Ich werde nie … bekommen/sein/werden.
Wertlosigkeit	Das habe ich nicht verdient. Ich bin es nicht wert, ein glückliches Leben zu führen.
Schuld	Ich habe … falsch gemacht.
Geiz	Ich habe nicht genug. … ist zu teuer.
Enttäuschung	Er/Sie hat was, was ich nicht habe. Er/Sie soll so sein, wie ich das von ihm/ihr erwarte.

> Die Musik zielt darauf hin, das Herz mit edlen Gefühlen zu erfüllen.
> **Konfuzius**

Wut loslassen

Verdrängte Wut

Wut ist ein ganz natürliches Gefühl. Wir fühlen uns wütend, wenn unsere Freiheit eingeschränkt wird, uns Unrecht angetan wird oder etwas nicht so läuft, wie wir das gerne hätten. Leider wurde uns seit unserer Kindheit suggeriert, dass wütend sein nicht erwünscht ist. Also verdrängen und unterdrücken wir ein sehr wichtiges Gefühl, das auch bejaht gefühlt werden will. Wenn wir unsere Wut spüren, wenn sie da ist, können wir mit ihr in Kontakt treten, und sie kann sich auflösen. Angenommene Wut dauert nur ein paar Minuten und muss niemandem schaden. Es scheint paradox, aber: Die Wut geht, wenn sie die Erlaubnis hat zu bleiben. Wir nehmen sie an als einen Teil von uns, der auch seine Berechtigung hat und nicht verborgen werden muss.

Die Wut der anderen

Es gibt natürlich auch Situationen, in denen die Gefühle unseres Gegenübers außer Kontrolle geraten. Wenn der andere Sie voller Wut anbrüllt, Sie sich innerlich ganz ruhig fühlen und der andere nicht aufhört, kann es passieren, dass die Wut auch von Ihnen Besitz ergreift. Bleiben Sie in solchen Situationen mit der Aufmerksamkeit bei sich, sagen Sie sich innerlich: Bleib bei dir! Oder fragen Sie sich, was die Wut des anderen mit Ihnen zu tun hat. So gewinnen Sie wieder Ihr Gleichgewicht zurück und bieten dem anderen keine Angriffsfläche mehr.

Emotionales Gleichgewicht

Das Herauslassen von Wut oder Trauer kann eine Entlastung sein, muss es aber nicht. Sicher ist es so, dass ein Aufstampfen mit dem Fuß oder dass Tränen entspannen können. Jedoch würde ein Hineinsteigern und ein Verweilen in unangenehmen Gefühlen eher das Gegenteil bewirken, erst einmal schwächen sie unsere Gesundheit und unser Wohlbefinden, und zum anderen entstehen dadurch noch mehr Trauer und noch mehr Wut. Stefan Klein schreibt dazu in seinem Buch „Die Glücksformel" aus der Sicht der Neurowissenschaften: „Schon vor gut vierzig Jahren ergaben erste kontrollierte Studien, dass Wutanfälle die Wut eher noch steigern und dass Tränen uns noch tiefer in die Depression hineintreiben können."[6] Es geht also nicht darum, Gefühle wie Wut und Trauer rauszulassen, indem wir so lange wild herumschreien oder uns ausweinen, bis wir sie los sind. Es geht darum, nach innen zu gehen, diese Gefühle dort bewusst wahrzunehmen, sie als einen Teil von uns anzunehmen und sie dann loszulassen! So kann ein emotionales Gleichgewicht entstehen. Wir stehen den Anforderungen des Lebens ruhig und gelassen gegenüber.

> Zu grelles Licht gefährdet das Sehen. Übermäßiger Lärm betäubt das Gehör. Zu starkes Gewürz verdirbt den Geschmack. Übergroße Erregung stumpft das Gefühl.
> **Laotse**

Wut auflösen

- Fragen Sie sich beim nächsten Anflug von Ärger und Wut, ob Sie das Geschehen irgendwie ändern können. Wir sollten uns nur noch auf die Dinge im Leben konzentrieren, die wir verändern können. Keiner hat das besser zusammengefasst als Reinhold Niebuhr: „Gott gebe mir die Gelassenheit, Dinge hinzunehmen, die ich nicht ändern kann, den Mut, Dinge zu ändern, die ich ändern kann, und die Weisheit, das eine vom anderen zu unterscheiden."
- Das Neuro-Linguistische Programmieren, kurz NLP genannt, enthält zahlreiche Modelle, um unsere Verhaltensmuster umzuprogrammieren. Das NLP ist ein psychologisches Kommunikationsmodell, und der Name steht für die neuronalen Prozesse im Gehirn, die unsere Erfahrungen speichern (Neuro). Diese werden sprachlich mitgeteilt (Linguistisch). Die so erlernten Programme können verändert werden. Bei der Dissoziation, einer mentalen Distanzierungstechnik, nimmt die Person die Position eines neutralen Beobachters ein. Beobachten Sie sich wie eine fremde Person: Was tut oder sagt sie? Der da ist wütend. Er redet laut. Er hebt seine Hände hoch. Wie sieht er aus? Wie reagieren die anderen auf ihn?
- Denken Sie an eine belastende Situation, die Sie schnell wieder wütend macht. Fragen Sie sich, ob Sie diese Angelegenheit auch in fünf Jahren noch aufregen wird.

Angst loslassen

Angst schränkt ein

Angst ist eine der grundlegendsten Überlebensmechanismen. Es war einmal so, dass das Gefühl der Angst uns rechtzeitig vor Gefahren gewarnt hat. Es war dazu da, uns zu schützen. Nur, ist das heute immer noch nötig? Brauchen wir dazu noch das quälende Gefühl der Angst, oder erkennen wir nicht auch durch bewusste Wachheit eine Gefahr, die uns droht? Das Gefühl der

Angst macht uns allzu oft klein und hilflos, nicht stark und mutig für die Aufgaben, die in unserem Leben anstehen. Ängste können uns fesseln und die Entfaltung unserer Persönlichkeit behindern.

Angst vor Gefühlen

Angst hat viele Gesichter: Angst vor dem Chef, vor Ablehnung, vor Einbruch, Gewalt und Krieg. Im Grunde sind es aber nicht die Menschen oder Umstände, vor denen wir Angst haben, sondern die Gefühle, die wir fühlen würden, wenn das eintritt, was wir so krampfhaft vermeiden! Nicht der andere bedroht uns, sondern das unangenehme Gefühl! Also versuchen wir, es mit dem Verstand zu verscheuchen, indem wir darüber nachdenken, wie wir diese Situationen vermeiden können oder wie wir uns noch mehr absichern. Die Lösung finden wir jedoch nicht durch das Denken oder die vermeintliche Absicherung, sondern im Annehmen der Furcht-Gefühle! Wenn wir bei uns sind, kann uns nichts da draußen beängstigen. Und wenn wir in uns sind, brauchen wir nicht „außer uns" zu sein!

> Schneller als der Blitz erfüllt das Gefühl meine Seele, aber anstatt mir Klarheit zu schaffen, entflammt und blendet es mich. Ich fühle alles und begreife nichts. **Jean-Jacques Rousseau**

Wovor haben Sie Angst?

- Ablehnung ☐
- Einsamkeit ☐
- Nähe ☐
- Bindung ☐
- (Kontroll-, Liebes-, Sicherheits-)Verlust ☐
- Versagen ☐
- Fehlern ☐
- Zukunft ☐
- Gewalt ☐

Wenn Sie sich Ihrer Angst bewusst sind, sie annehmen und mit anderen teilen, verliert sie ihre Bedrohung. Probieren Sie es aus!

Peter ist Geschäftsführer eines gut florierenden Unternehmens. Die Arbeit macht ihm Spaß, jedoch hat er Angst, vor größeren Gruppen zu sprechen. Er hat schon diverse Rhetorikseminare absolviert, seine Redegewandtheit hat sich verbessert, der „Kloß im Hals" ist allerdings geblieben. Mithilfe eines Coachs bekommt Peter Zugang zu dem Gefühl der Angst. Er hat Gelegenheit, das Gefühl wahrzunehmen und genauer zu beschreiben. Während einer Sitzung wird er durch Intensivierung des Gefühls an eine Situation aus seiner Schulzeit erinnert, in der alle Schüler aufstehen mussten, um eine Rechenaufgabe zu lösen. Jeder, der eine Aufgabe gelöst hatte, durfte sich setzen. Peter war damals derjenige, der aus lauter Angst davor, der Letzte zu sein, keinen klaren Gedanken fassen konnte. Seine Beine wurden schwer, seine Hände feucht, und in seinem Kopf war nur noch Leere. Die Angst zu versagen und von den anderen Schülern lächerlich gemacht zu werden, war groß. Als Peter diese Situation noch einmal durchlebte, konnte er seine damalige Angst mit der jetzigen Angst verbinden. Er übermittelte dem kleinen Peter die Fähigkeiten, die er ihm aus der heutigen Sicht eines Erwachsenen geben konnte. Das Gefühl der Hilflosigkeit löste sich auf, und auch die Gedanken, die die Angst schürten, wie „Die lehnen mich ab", „Ich versage" oder „Ich werde den Faden verlieren", konnten losgelassen werden.

Angst auflösen

- Freunden Sie sich mit Ihrer Angst an. Eine Vorannahme des NLP lautet, dass hinter jedem Verhalten eine positive, nützliche Absicht steckt.
- Fragen Sie sich, welche positive oder nützliche Absicht hinter Ihrer Angst steckt. Manchmal dient Angst dazu, uns vor Verletzungen zu schützen oder uns zu warnen.
- Wenn Sie die Angst in sich akzeptiert haben, kann sie gehen.

Fragen Sie sich:
Wie gerechtfertigt ist die Angst? Besteht eine wirkliche Bedrohung?
Beschützt mich meine Angst oder engt sie mich ein?
Was könnte ich tun, um mich dem zu nähern, wovor ich Angst habe?
Wer könnte mich dabei unterstützen, mich meiner Angst zu nähern?

Jedes Mal, wenn Sie Angst verspüren, prüfen Sie, wo in Ihrem Körper die Angst sitzt. Wie fühlt sich die Angst an (Haben Sie einen Kloß im Hals? Empfinden Sie sie wie einen zu fest sitzenden Gürtel ums Herz? Fühlen Sie sie wie einen Schlag in die Magengrube?)?

Wie ist Ihre Haltung, wenn Sie ängstlich sind? Meistens haben wir eine verkrampfte Körperhaltung. Der Kopf hängt nach unten, man ist in sich eingesackt. Nehmen Sie diese Haltung bewusst wahr, und ändern Sie sie leicht: Stehen Sie aufrecht, atmen Sie tief ein und aus, heben Sie das Kinn, ziehen Sie die Schultern leicht zurück, heben Sie die Mundwinkel. Wie verändern sich Ihre Gefühle mit der Änderung der Haltung? Können Sie in einer entspannten Haltung noch Angst spüren?

Kommen Sie zur Ruhe. Hören Sie leise, ruhige Musik im Hintergrund. Besinnen Sie sich auf Ihr Inneres. Gehen Sie dem Gefühl der Angst nach. Denken Sie an eine Situation, in der Sie sehr ängstlich waren. Nehmen Sie das Gefühl wahr, und bleiben Sie still. Beobachten Sie es. Geben Sie das Gefühl der Angst vertrauensvoll an eine Macht ab, die größer ist als Sie. Bitten Sie darum, dass sie Sie von diesem Gefühl befreit, damit Sie Ihre wahre Natur entdecken können.

Wer sich an seine Gefühle hält, gewonnen und eingeprägt, und sich danach richtet, der ist mit sich ständig im Einklang. Was braucht er noch Weisung von anderer Seite? **Chuangtse**

Checkliste

Lassen Sie Ihre einengenden Gefühle los!

	Welche Gefühle haben Sie bis jetzt verdrängt?	Was kann diese Gefühle wandeln?
Wut		
Hass		
Traurigkeit		
Angst		
Schuld		
Scham		
Neid		
Rache		
	Wovor haben Sie Angst?	Welche Gedankenmuster liegen diesen Ängsten zugrunde?
Ablehnung		
Einsamkeit		
Nähe		
Bindung		
(Kontroll-,		
Liebes-,		
Sicherheits-)		
Verlust		
Versagen		
Fehlern		
Zukunft		

Das Wichtigste auf einen Blick

- Wut oder Angst können sich durch bewusste Aufmerksamkeit und liebende Annahme wandeln in Liebe und Freude.
- Wenn wir uns entscheiden, unangenehme Gefühle, wie Leid, Wut, Angst, abzulehnen, sie einfach nicht haben wollen, lehnen wir damit auch Gefühle wie Freude, Liebe und Zuversicht ab.
- Wir sind unseren Gefühlen nicht hilflos ausgeliefert. Wir entscheiden, wie wir uns fühlen wollen. Wir sind für unsere Gefühle verantwortlich. Wir erzeugen unsere Gefühle selbst.
- Gefühle sind weder gut noch schlecht. Sie sind, wie sie sind. Wir nehmen die Gefühle von jetzt an ohne Wertung an.
- Der Widerstand gegen unangenehme Gefühle ist ein Widerstand gegen uns selbst. Wir lehnen uns selbst in unserer Ganzheit ab, denn auch unangenehme Gefühle gehören zu uns.
- Wir bekommen die Gefühle zurück, die wir aussenden. Entscheiden Sie sich jetzt für Liebe und Gelassenheit anstelle von Angst und Wut.
- Oft ist es der Gedanke, der das Gefühl bestimmt. Prüfen Sie den Gedanken auf Wahrheit, und das Gefühl löst sich mit auf!
- Die Wut geht, wenn sie die Erlaubnis hat zu bleiben.
- Das Gefühl der Angst macht uns klein und hilflos, nicht stark und mutig für die Aufgaben, die in unserem Leben anstehen.
- Wenn wir bei uns sind, kann uns nichts da draußen beängstigen. Schaffen Sie in sich einen sicheren Raum, und beobachten Sie alle Gefühle, die auftauchen.

4 Ballast der Vergangenheit loslassen

Wie wir wurden, was wir sind

Jeder Mensch hat eine Familie, auch wenn er sie nie kennengelernt hat. Wir alle sind Teil eines Familiensystems und leben immer in einem Beziehungszusammenhang. Jede Veränderung eines Familienmitglieds hat demnach auch eine Wirkung auf die anderen Mitglieder im System.

Familienzugehörigkeit

Die Zugehörigkeit zu einem Familiensystem wirkt sich tief auf unser Leben aus. Fühlen wir uns fest eingebunden in die Familie, so haben wir auch im Leben einen festen Stand. Geraten wir außer Kontrolle, kann der Grund in einer unbewussten Verstrickung in der Familie liegen. Die Bindung an die Familie ist sehr stark und kann nicht einfach dadurch gelöst werden, indem man das Haus verlässt. Familienmitglieder bleiben miteinander verbunden, auch wenn sie sich jahrelang nicht gesehen haben und selbst dann, wenn es nie zu einer direkten Begegnung gekommen ist.

Ordnung in der Familie

Die Ordnung innerhalb einer Familie kann aus vielen Gründen aus dem Gleichgewicht geraten. Hier seien nur ein paar Beispiele genannt, wie Unordnung entstehen kann.

- **Streitereien unter Geschwistern**
  Ein jüngeres Geschwister nimmt einen ihm nicht zustehenden höheren Rang vor dem älteren Geschwister ein.
- **Probleme in Partnerschaften**
  Aus systemischer Sicht können Probleme in Partnerschaften viele Ursachen haben, hier seien einige von ihnen aufgelistet: Die Anerkennung früherer Partner fehlt, die Anerkennung der Kinder des Partners aus vorheriger Ehe fehlt, durch eine Trennung ist es zu einer Verletzung eines ehemaligen Partners gekommen, ein früherer Partner wurde nicht bewusst betrauert oder verabschiedet.

- **Eltern nehmen nicht die Rolle der Erwachsenen ein**
  Das Kind versucht, für Mama oder Papa groß zu sein. Das führt unweigerlich zu Verstrickungen im Familiensystem. Die Sicherheit des Kindes wird damit erheblich bedroht, denn es braucht einen großen Papa und eine große Mama. Erst wenn das Kind beide Elternteile als stark erleben darf, darf es selbst klein sein. Das ist die Voraussetzung, um selbst zu wachsen.

Systemische Verstrickungen

Wenn jemand intensive Gefühle hat, die er auf rationaler Ebene nicht erklären kann, könnte dahinter eine systemische Verstrickung stehen. Diese kann man mit einer Familientherapie oder anhand des Familienstellens lösen. Bei dem Familienstellen werden Familienmitglieder mithilfe von Stellvertretern aufgestellt. Der Klient bestimmt ihm fremde Personen als Stellvertreter z. B. für den Vater, die Mutter, die Geschwister. Diese stellt er in einer Anordnung so zueinander auf, wie er das Familiensystem erlebt hat. So werden dem Klienten und dem Therapeuten sehr schnell Dynamiken in der Familie sichtbar und erlebbar vor Augen geführt. Der Klient hat die Möglichkeit, vorher vielleicht nicht erkannte Verbindungen in der Familie zu erfassen. Ziel ist es unter anderem auch, für jeden den richtigen Platz in der Familie zu finden.

> Erst wenn man genau weiß, wie die Enkel ausgefallen sind, kann man beurteilen, ob man seine Kinder gut erzogen hat.
>
> **Erich Maria Remarque**

Das Familienstellen

Das Familienstellen wurde von zahlreichen Therapeuten in unterschiedliche Richtungen weiterentwickelt. Es gibt Einzelsitzungen oder Seminare von Psychotherapeuten oder Systemischen Familientherapeuten, die Aufstellungen anbieten. Es gilt hier, sich vor einer eigenen Aufstellung der Familie genau darüber zu erkundigen, welchen Therapeuten man wählt. Am besten macht man eine Probeaufstellung als Stellvertreter mit, bevor man sich selbst für eine Aufstellung entscheidet. Diese Art der Therapie ist nicht für jeden geeignet und kann uns mit starken Gefühlen überschwemmen.

> Um Kinder zu erziehen, muss man verstehen, Zeit zu verlieren, um Zeit zu gewinnen.
>
> **Jean-Jacques Rousseau**

Kindheit loslassen

Die ersten Jahre der Kindheit prägen unser ganzes weiteres Leben. Unser Verhalten und unsere Gefühle sind oft erst im Nachhinein mit Blick auf diese Zeit zu verstehen. Wir haben viel Schönes erlebt, an das wir uns gerne erinnern. Es gab jedoch auch zahlreiche unerfreuliche Erlebnisse, die wir auch heute noch als Ballast mit uns herumtragen. Wer diesen Ballast loslassen will, tut gut daran, seine eigene Geschichte zu erforschen und mit ihr Frieden zu schließen. Mit leichtem Gepäck reist es sich besser!

> Ich finde, dass unsere größten Laster ihren Ursprung aus der zartesten Kindheit ableiten.
> **Michel de Montaigne**

Unsere Wurzeln

Für ein glückliches Leben ist es enorm wichtig, seine Wurzeln zu kennen. Wer waren unsere Eltern, unsere Großeltern und Urgroßeltern? Wie haben sie gelebt, was hat sie ausgemacht? All das sind Dinge, die auch zu uns gehören. Bertold Ulsamer hat in seinem Buch „Ohne Wurzeln keine Flügel" ausgeführt: „Die Familie ist der Grund, in dem wir wurzeln. Solange wir diese Wurzeln nicht (er-)kennen, werden die Flügel, die uns wachsen, nur schwach sein."[1]

> Wer sich seiner eigenen Kindheit nicht mehr deutlich erinnert, ist ein schlechter Erzieher.
> **Marie von Ebner-Eschenbach**

Ihre persönliche Familiengeschichte

Seinen eigenen Stammbaum zu kennen, stärkt einem den Rücken. Bitten Sie für die folgende Übung Ihre Eltern oder, wenn die nicht mehr leben, andere Verwandte um Informationen. Lassen Sie sich so viel wie möglich von Ihren Eltern, Geschwistern oder Verwandten erzählen. Jede noch so kleine Geschichte kann für Ihre eigene Geschichte interessant sein. Entdecken Sie, wie Sie wurden, wer Sie sind.

> Wer die Lebenslaufbahn seiner Kinder zu verpfuschen gedenkt, der räume ihnen alle Hindernisse weg.
> **Emil Oesch**

Ihre Eltern

- Wie haben die Eltern sich kennengelernt?
- Gab es frühere Partner, die für die neue Partnerschaft verlassen wurden?
- Wie alt waren Ihre Eltern, als sie sich kennenlernten?
- Wo haben sie sich kennengelernt?
- Haben sie geheiratet und wenn ja, wie viel später, nachdem sie sich kennengelernt haben?

Ihre Geschwister

- Wie viele Geschwister haben Sie?
- Wie ist die Rangfolge?
- Gibt es Halbgeschwister?
- Gibt es Adoptionen in der Familie?
- Gibt es Todgeburten in der Familie?
- Ist ein Geschwister als Kind gestorben, oder hatte ein Kind eine schwere Krankheit?

Ihre Geburt

- Was gibt es für Geschichten über Ihre Geburt?
- Wie lange hat die Geburt gedauert?
- Wo wurden Sie geboren?
- Wer war bei der Geburt dabei?
- Haben die Eltern sich über Ihre Geburt und über Ihr Geschlecht gefreut?

Mein Stammbaum

Erstellen Sie Ihren eigenen Stammbaum. Tragen Sie alle Namen der Personen und das Geburts- und Sterbedatum ein. Nehmen Sie einen Kreis für weibliche Mitglieder und ein Viereck für männliche. Am besten dokumentieren Sie Ihren persönlichen Stammbaum mit Fotos. Lassen Sie den Stammbaum auf sich wirken. Das ist Ihre Tradition, Ihre Geschichte. Diesen Menschen haben Sie es zu verdanken, dass Sie leben.

Mein Stammbaum

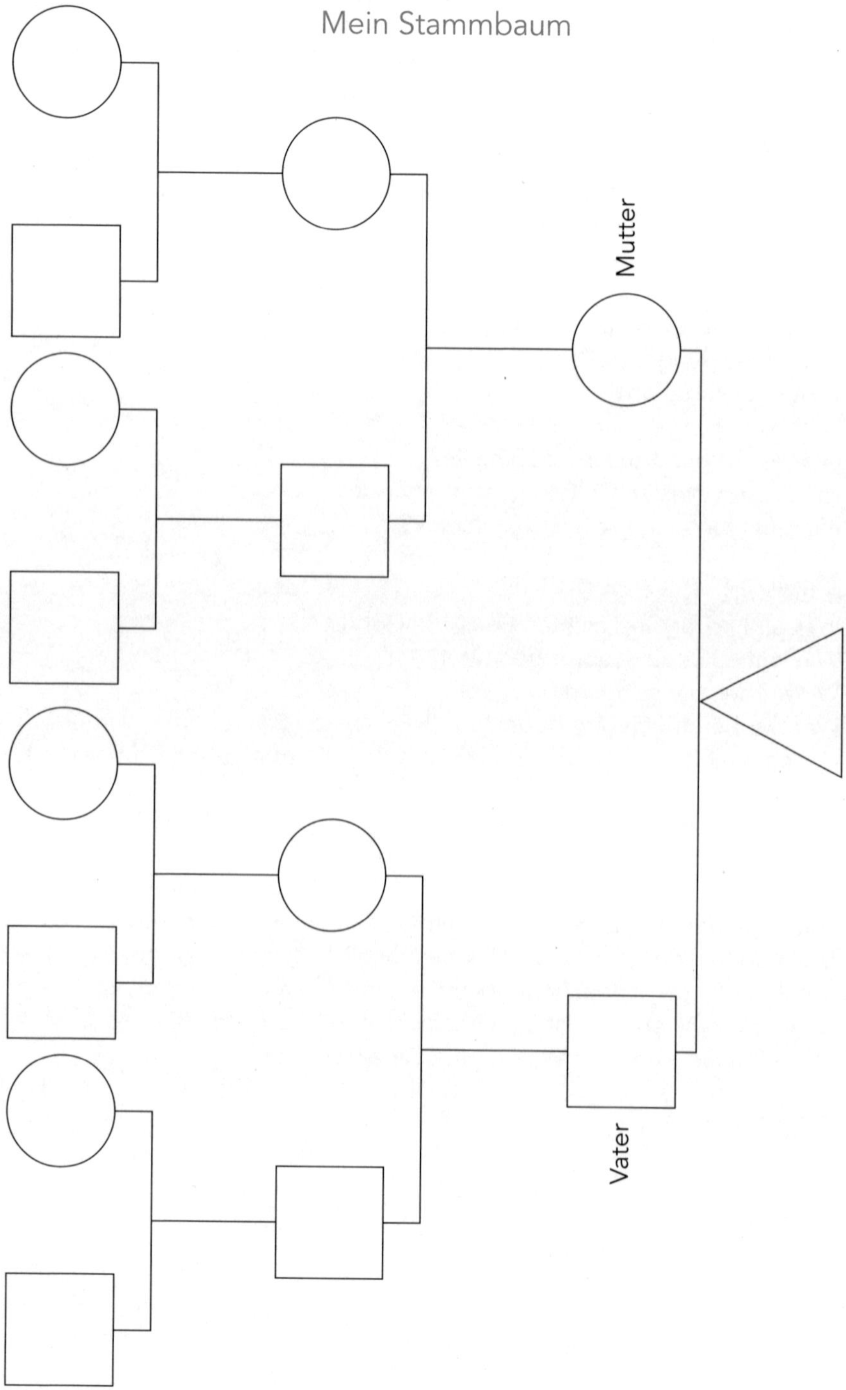

Das innere Kind

Viele unserer Ängste resultieren aus der Angst des kleinen Kindes, nicht des Erwachsenen. Wenn Sie z. B. Angst vor dem Verlassenwerden haben, ist es immer die Stimme des inneren Kindes, nie die des Erwachsenen. Ein Elternteil war vielleicht selten verfügbar, dadurch dass der Beruf sehr viel Zeit gefordert hat oder viele Geschwister versorgt werden mussten. Wir haben uns als Kind hilflos und ohnmächtig gefühlt. Im Erwachsenenalter reagieren wir dann auf z. B. eine Trennung vom Partner wie das kleine Kind, nicht wie eine erwachsene Person mit Ressourcen. Wenn wir wieder das Herz öffnen für dieses kleine Kind, sind wir unseren Gefühlen einen großen Schritt nähergekommen. Dann sind wir eher bereit, unsere Gefühle der Kindheit loszulassen.

Nehmen Sie sich einen Abend Zeit für sich, und durchstöbern Sie Ihre alten Fotoalben. Wählen Sie einige Kindheitsfotos so aus, als ob Sie eine Fotogeschichte Ihrer Vergangenheit erstellen wollten. Betrachten Sie diese Fotos aufmerksam. Sind Sie auf vielen Fotos traurig oder immer bemüht, freundlich zu lächeln? Blicken Sie geradeaus in die Kamera, oder verstecken Sie sich? Was sagen diese Fotos über Sie aus? Teilen Sie Ihre Fotovergangenheit mit Ihrem Partner oder einem Freund. Fühlen Sie sich ein in dieses kleine Kind. Es wird Sie wieder mit Ihren Gefühlen in Kontakt bringen. Und die Liebe, die Sie für Ihr inneres Kind empfinden, ist es, die Sie als Erwachsener verwandeln kann.

In jedem Kind liegt eine wunderbare Tiefe.

Robert Schumann

Aus der Sicht des Kindes

Bedenken Sie bei allen Übungen zur Kindheit, dass es hier nicht um Sie als erwachsene Person geht. Sie haben das erlebt, als Sie klein waren. Damals waren wir noch nicht abgehärtet, damals hatten wir noch keine Erfahrungen mit Schmerz. Nehmen wir ein einfaches Beispiel: Papa schimpft mit uns, weil wir ihm bei der Sportschau durchs Bild rennen. Danach schimpft er noch mit der Mama und geht, die Tür laut zuknallend, zum Nachbarn Sportschau gucken. Aus der heutigen Sicht ist das ein harmloses Ereignis, aus der Sicht eines Kindes (und hier hilft es, sich das Kindheitsfoto hervorzuholen) ist das eine echte Bedrohung. Das kleine Kind denkt: „Ich bin schuld, dass Papa die Familie verlassen hat. Vielleicht kommt er nicht wieder. Wie kann ich ohne ihn überleben?" Als Kind sind wir von unseren Eltern abhängig, deswegen sind noch so kleine Ereignisse für ein Kind bedrohlich.

Geschichten aus der Kindheit

Unsere Erfahrungen aus der Kindheit sind oft verzerrt oder generalisiert. Jeder speichert die Erlebnisse aus seinem eigenen Erleben und mit seiner eigenen Wertung ab. Das, was wir heute als Kindheitserinnerung im Gehirn in Bildern und Gedanken mit uns tragen, hat mit der Realität wenig zu tun. So kann man das Phänomen erklären, dass zwei Geschwister ein und dasselbe Ereignis später völlig anders schildern.

Bitte erinnern Sie sich an ein Ereignis aus Ihrer Kindheit. Erzählen Sie dieses Ereignis einer Person, die damals mit anwesend war. Danach erzählt Ihnen die Person, wie sie das Ereignis wahrgenommen hat. Sie werden überrascht feststellen, wie unterschiedlich die Geschichten aus der Vergangenheit wahrgenommen und abgespeichert worden sind.

> Nicht zu wissen, was vor deiner Geburt geschehen ist, heißt immer ein Kind bleiben. **Cicero**

Eltern loslassen

Wunden aus der Kindheit

Auch wenn man sich vordergründig gut mit seinen Eltern versteht, sie regelmäßig besucht und auf Familienfesten zusammensteht, heißt das nicht, dass man sich wirklich mit den Eltern ausgesöhnt hat. Oft vergraben wir die wahren Gefühle unseren Eltern gegenüber unter dem Deckmantel der Harmonie. Erst später merken wir, wie tief alte Wunden aus der Kindheit sitzen. So stellen viele Menschen, die nie so werden wollten wie ihre Eltern, irgendwann bestürzt fest, dass sie genauso geworden sind. Manchmal merken sie es selbst, und manchmal weist sie der Partner darauf hin.

Wer ablehnt, bleibt gebunden

Es gilt wieder das Gesetz der Anziehung: Wer seine Eltern ablehnt, wird weiterhin an sie gebunden bleiben. Denn was wir ablehnen, ziehen wir an.

„Hass und Rache haben eine stark bindende Wirkung, doch wen wir lieben, der gibt uns frei", fasst das Thomas Schäfer in seinem Buch „Was die Seele krank macht und was sie heilt"[2] zusammen. Es ist nie zu spät, die Kindheit zu heilen. Dafür ist es wichtig, sich erst einmal den Urteilen über die Eltern zu stellen. Es nützt nichts, wenn sie nur unterschwellig wirken. Hier ist Platz und Gelegenheit, sie an die Oberfläche kommen zu lassen. Und dann lassen wir die Vergangenheit los, denn sie ist vorbei und kommt nicht wieder.

> Es trägt wohl mancher Alte, des Herz längst nicht mehr flammt,
> im Antlitz eine Falte, die aus der Kindheit stammt. **Julius Hammer**

Werte der Eltern

Die Beeinflussung durch unsere Eltern im Hinblick auf unsere Werte zeigt sich, wenn wir uns die Werte und Urteile unserer Eltern bewusst machen. Oft handeln wir noch gemäß diesen Eltern-Mustern, ohne zu wissen, dass sie nur übernommen wurden. Es ist an der Zeit, die Urteile und Werte unserer Eltern loszulassen, damit wir unseren eigenen Weg finden können.

Welche Wertungen haben Sie von Ihren Eltern übernommen?
Welche wollen Sie behalten, welche loslassen?

Abwertende und aufbauende Botschaften

Abwertende Botschaften:

- Du kannst das nicht, lass mich mal.
- Aus dir wird sowieso nichts.
- Was tust du mir an?
- Siehst du nicht, was ich zu tun habe? Musst du mich auch noch belasten?
- Solange du die Füße unter meinen Tisch stellst, wird hier gemacht, was ich sage.
- Wer nichts leistet, ist auch nichts wert.
- Das hätte ich dir doch gleich sagen können.
- Was hast du dir dabei nur gedacht?
- Du darfst nicht vergessen, dass …
- Ich kann einfach nicht verstehen, dass du das tun konntest.
- Wie oft habe ich dir schon gesagt, dass du das lassen sollst.

Aufbauende Botschaften:

- Natürlich schaffst du das.
- Ich traue dir das zu.
- Du bist wunderbar.

- Ich hab dich lieb, so wie du bist.
- Ich werde sehen, wie ich dich unterstützen kann.
- Ich bin für dich da.
- Alles wird gut, du wirst schon sehen.
- Alles hat seinen Sinn.

Welche Botschaften haben Sie als Kind von Ihren Eltern erhalten? Wie hat sich das auf Ihr Leben ausgewirkt?

Urteile über die Eltern

Die folgende Übung erfordert etwas Zeit. Bitte beantworten Sie die Fragen zusammen, nicht in zeitlichen Abständen. Bilden Sie kurze, einfache Sätze. Schreiben Sie die Sätze spontan auf, denken Sie nicht allzu lange nach. Schreiben Sie aus der Perspektive des Kindes, nicht des heutigen Erwachsenen, der über den Dingen zu stehen scheint. Es ist wichtig, sich ganz auf die Fragen und die Gefühle, die entstehen können, einzulassen. Muten Sie sich einen Abstecher in Ihre Kindheit zu. Es lohnt sich, denn ein aufgeschriebenes Urteil ist schon die halbe Befreiung. Bitte machen Sie die Übung jetzt. Weiterlesen führt zu nichts, wenn Sie nicht vorher die Urteile formuliert haben.

1. Teil: Bitte beantworten Sie folgende Fragen. Lassen Sie unter den Antworten, die ein negatives Urteil beinhalten, zwei Zeilen frei.
Beispiel: Meine Mutter hat sich nicht genug um mich gekümmert.
...
...

Was mochten Sie nicht an Ihrer Mutter?

Was mochten Sie nicht an Ihrem Vater?

Was haben Sie an Ihrer Mutter vermisst?

Was haben Sie an Ihrem Vater vermisst?

Welche Grenze durften Sie nicht verletzen?

Was durften Sie nicht tun? Wofür wurden Sie bestraft?

Wie haben Sie Aufmerksamkeit von Ihrer Mutter bekommen?

Wie haben Sie Aufmerksamkeit von Ihrem Vater bekommen?

Wofür wurden Sie anerkannt und geliebt?

Was wollen Sie auf keinen Fall so machen, wie es Ihre Eltern gemacht haben?

Wie hätten Sie sich Ihre Mutter gewünscht? Wie hätte sie sein sollen?

Wie hätten Sie sich Ihren Vater gewünscht? Wie hätte er sein sollen?

2. Teil: Im zweiten Teil der Übung nehmen Sie die heutige Position des Erwachsenen ein. Sie erkennen, welche positive Wirkung die Verhaltensweisen der Eltern im Nachhinein auf Sie hatten. Bedenken Sie bitte, wenn Sie Widerwillen verspüren: Sie können die Vergangenheit nicht mehr ändern. Was geschehen ist, ist geschehen. Für Ihre eigene Freiheit, nicht die Ihrer Eltern, trauen Sie sich mutig an diese Aufgabe heran: Finden Sie heraus, was die Erlebnisse im positiven Sinne aus Ihnen gemacht haben.

Schreiben Sie unter jedes Urteil in die dafür frei gelassenen Zeilen den Satz: Es sollte so sein, damit ich (lerne, werde, bin) …
Beispiel: Meine Mutter hat sich nicht genug um mich gekümmert.
Es sollte so sein, damit ich selbstständig werde. Oder:
Es sollte so sein, damit ich lerne, mich um mich selbst zu kümmern.

Kinder lieben anfangs ihre Eltern. Wenn sie älter werden, beurteilen sie sie. Bisweilen verzeihen sie ihnen. **Oscar Wilde**

Annehmen

Erst durch die Bewusstmachung unserer Urteile können wir sie auch loslassen. Wir werden frei für unsere Zukunft. Lassen Sie die Sätze los wie „Hätten sie sich mehr um mich gekümmert", „Wären sie besser nicht dorthin gezogen", „Hätten sie sich nicht scheiden lassen", „Hätte ich doch andere Eltern gehabt", „Hätten sie mich nicht weggegeben". Das alles sind Gedanken, die uns einflößen, dass wir mit einer anderen Kindheit jetzt sicherlich glücklicher wären. Das ist müßig und führt zu nichts. Es ist, wie es ist. Und das ist Ihre Geschichte, es hat Sie zu der Person gemacht, die Sie jetzt sind. Es sollte genauso sein, nehmen Sie Ihre Geschichte an. Und das nächste Mal, wenn Sie Ihre Eltern verurteilen, denken Sie: Die Eltern haben das ihnen Bestmögliche getan. Hätten sie es besser gewusst, hätten sie auch anders gehandelt.

> Ängstlich zu sinnen und zu denken, was man hätte tun können, ist das Übelste, was man tun kann. **Georg Christoph Lichtenberg**

Bitte suchen Sie Bilder von Ihren Eltern raus, als sie selbst Kinder waren. Nehmen Sie sich einen Abend Zeit für sich, hören Sie Ihre Lieblings-CD, und schauen Sie sich die Bilder genau an. Lassen Sie die Bilder auf sich wirken. Meinen Sie, Ihre Eltern hätten es nicht anders gemacht, wenn sie es besser gewusst hätten? Und lassen Sie sie los!

> Das bejammern oder fürchten, was unvermeidlich ist, wär' kindische Schwäche. **William Shakespeare**

Die Eltern respektieren

Wenn Sie sich mit Ihrer Kindheit auseinandergesetzt und sich mit Ihren Eltern innerlich ausgesöhnt haben, sind Sie Ihrer Gelassenheit einen großen Schritt nähergekommen. Ein weiterer Schritt wäre der, Ihre Eltern zu ehren. Einige verspüren diesbezüglich jedoch eine Abwehr. Fragen Sie sich dann in einer stillen Minute: Hätten Sie es unter den gleichen Umständen besser gemacht als Ihre Eltern? Antworten Sie aus Ihrem Herzen heraus! – Die Eltern sind es, die Ihnen das Leben gegeben, Sie aufgezogen und gelehrt haben. Ihre endgültige Freiheit beginnt mit dem Respekt gegenüber Ihren Eltern. Und wie könnten Sie Ihre Eltern mehr ehren, als wenn Sie als ihre Kinder ein glückliches und erfülltes Leben führen?

Bitte beantworten Sie die folgenden Fragen, und lassen Sie sich ein auf die guten Seiten Ihrer Kindheit:

Wofür haben Sie Ihre Mutter geliebt?

Wofür haben Sie Ihren Vater geliebt?

Wofür sind Sie Ihrer Mutter dankbar?

Wofür sind Sie Ihrem Vater dankbar?

Was haben Sie an positiven Werten von Ihrer Mutter übernommen?

Was haben Sie an positiven Werten von Ihrem Vater übernommen?

Was haben Sie als Kind besonders gern mit Ihrer Mutter gemacht?

Was haben Sie als Kind besonders gern mit Ihrem Vater gemacht?

Was hat Ihre Mutter für Sie getan?

Was haben Sie für Ihre Mutter getan?

Was hat Ihr Vater für Sie getan?

Was haben Sie für Ihren Vater getan?

Ehemalige Partner loslassen

Partnerwahl

Wie und mit wem wir eine Partnerschaft eingehen, hängt größtenteils von unserer Kindheit ab. Frauen richten sich bei der Partnerwahl unbewusst nach dem ersten Mann in ihrem Leben, dem Vater. Männer richten sich nach der ersten Frau in ihrem Leben, der Mutter. Entweder nehmen wir uns einen Partner, der im Wesen genauso ist wie unser gleichgeschlechtlicher Elternteil, oder wir wählen einen Partner, der genau das Gegenteil von dem Elternteil ist. Meistens bleiben wir in irgendeiner Weise an unsere Eltern gebunden, wenn wir uns nicht bewusst mit dem Vater- und Mutterbild befassen und es dann loslassen.

Rolle als Mann und Frau

Das, was uns unsere Väter beigebracht haben über das Frausein und was uns unsere Mütter beigebracht haben über das Mannsein, prägt unser eigenes Frau- und Mannsein. Davon hängt es ab, ob wir es als schön empfinden, eine Frau oder ein Mann zu sein, oder ob wir unser Geschlecht ablehnen.

Welches Frauenbild wurde Ihnen von der Mutter vermittelt?
Sind Sie stolz, eine Frau zu sein?
Welches Frauenbild wurde Ihnen vom Vater vermittelt?
Welches Männerbild wurde Ihnen vom Vater vermittelt?
Sind Sie stolz, ein Mann zu sein?
Welches Männerbild wurde Ihnen von der Mutter vermittelt?

Von Männern und Frauen

Wenn ein Mann sich mit seinem Vater nicht ausgesöhnt hat, sondern ihn ablehnt, unterdrückt er das Männliche in sich. Genauso steht es mit der Frau. Wenn diese ihre Mutter nicht ehrt, lehnt sie das Weibliche in sich ab. Das geschieht oft unbewusst und kommt meistens erst an die Oberfläche, wenn wir uns immer wieder im Konkurrenzkampf zum gleichen Geschlecht befinden oder bei Problemen in der Partnerschaft. Der Vater prägt als Erster das Bild von einem Mann. Lehnt der Sohn den Vater ab, kann das zur Ablehnung des Männlichen an sich führen. Denn der Vater ist zunächst derjenige, der das Männliche verkörpert. Für Frauen ist die Mutter diejenige, die für ihre Tochter das Weibliche ausmacht. Sie ist für die Tochter der Schlüssel zur eigenen Weiblichkeit. Das Verhältnis zur Mutter kann darüber entscheiden, ob die Tochter sich gerne weiblich gibt oder ob sie das Weibliche ablehnt.

Stellen Sie sich als Frau vor, wie Ihre Mutter, Ihre Großmutter, Ihre Urgroßmutter usw. hinter Ihnen stehen. Sie geben Ihnen zu jeder Zeit Rückendeckung. Sie haben Sie zu derjenigen werden lassen, die Sie heute sind. Fühlen Sie sich gestärkt durch diese Frauen.

Stellen Sie sich als Mann vor, wie Ihr Vater, Ihr Großvater, Ihr Urgroßvater usw. hinter Ihnen stehen. Sie geben Ihnen zu jeder Zeit Rückendeckung. Sie haben Sie zu demjenigen werden lassen, der Sie heute sind. Fühlen Sie sich gestärkt durch diese Männer.

Kinder als Partnerersatz

Wenn Mütter ihre Kinder in der Weise beeinflussen, dass sie sie auf ihre Seite ziehen wollen gegen den Vater, so kann sich das deutlich auf das spätere Erwachsenenleben auswirken. Kinder werden gern als Partnerersatz genommen, weil der eigene Partner nicht anwesend ist oder als bedrohlich erlebt wird. Das Kind kann dann nicht einfach Kind sein und übernimmt eine ihm fremde Rolle. Genauso ist es, wenn der Vater das Kind gegen die Mutter beeinflussen will. Das Kind liebt immer beide Eltern und fühlt sich schnell im Konflikt. Als Erwachsener wird es so vielleicht Situationen wiedererleben, in denen es sich entscheiden muss, aber wie gelähmt ist, weil es wie damals Angst davor hat, mit einer Entscheidung etwas oder jemanden zu verlieren.

Fragen zur Geschichte Ihrer Beziehungsfähigkeit:

Wie haben Ihre Eltern zueinander gestanden? Haben sie sich geliebt?
Gab es viele Konflikte? Wie wurden Konflikte ausgetragen?
Wie haben sie unter Stress reagiert?
Was haben Sie bei Ihren Eltern über eine Ehe gelernt?
Was haben Sie bei Ihren Eltern über die Dauerhaftigkeit einer Ehe gelernt?

Beziehungen respektvoll beenden

Die Trennung von dem Partner, mit dem uns viel verbunden hat, ist oft schmerzhaft. Wir fühlen uns einsam und um unseren Lebenstraum, gemeinsam alt zu werden, betrogen. Die Zeit des Abschieds und der Trauer ist wichtig. Wenn wir unsere Gefühle in dieser Zeit unterdrücken und uns schnell anders orientieren, werden wir das Werthafte einer solchen Trennung nie erfahren. Eine Trennung birgt immer die Möglichkeit eines Neuanfangs in sich. Bleiben wir aber in Verurteilung und Groll an dem alten Partner hängen, bleibt der Schmerz. Wir verschließen uns dem Fluss des Lebens, das so viel mehr für uns zu bieten hat.

Abschiedsbrief

Schreiben Sie Ihrem ehemaligen Partner einen Brief. Sie müssen ihn nicht abschicken. Es hilft, sich seine Gefühle von der Seele zu schreiben. Der Sinn eines solchen Briefes liegt allerdings nicht in Schuldzuweisungen, sondern im Loslassen. Übernehmen Sie Ihren Teil der Verantwortung für die Trennung, und finden Sie so Ihre Gelassenheit wieder.

Halten Sie sich bitte an folgende Fragen, wenn Sie Ihren Brief formulieren:
Wofür sind Sie Ihrem Partner dankbar? Was haben Sie gemeinsam erlebt, das Sie nicht missen möchten? Was hat er Ihnen gegeben, was Ihnen kein anderer geben konnte? Was haben Sie ihm gegeben? Wo liegt Ihr eigener Anteil an dem Ende der Beziehung? Was haben Sie dazu beigetragen? Wann haben Sie sich innerlich von ihm getrennt (vielleicht viel früher, als Ihr Partner es getan hat)?

Kinder loslassen

Dass Eltern für ihre Kinder das Beste wollen, ist unbestritten. Nur, wer sagt, was das Beste für die Kinder ist? Das bestimmen die Eltern selbst, und sie gehen dabei natürlich von sich aus. So entstehen Erwartungen an die Kinder, die bei einem guten Schulabschluss anfangen bis hin zu einem erfolgreichen Beruf sowie bei den richtigen Freunden bis hin zum idealen Lebenspartner. Was für die Eltern erfolgreich oder ideal ist, muss es für das Kind nicht sein. Es besteht die Gefahr, die Kinder in eine Form zu pressen und sie somit fremd zu bestimmen.

Denn wir können die Kinder nach unserem Sinne nicht formen; so wie Gott sie uns gab, so muss man sie haben und lieben.
Johann Wolfgang von Goethe

Eltern halten fest

Viele Eltern halten ihre Kinder auch noch fest, wenn sie schon erwachsen sind. Sie klammern – oft unbewusst – an ihren Kindern, indem sie ihnen eine Wohnung im eigenen Haus einrichten, ihnen durch Krankheiten Schuldgefühle aufbürden oder ihnen einen Beruf im Familienunternehmen anbieten. Das nimmt den Kindern die Möglichkeit, wirklich erwachsen zu werden und hinauszugehen in die Welt.

Fragen Sie sich:
Wie halten Sie Ihre Kinder fest?
Welche Erwartungen haben Sie an Ihre Kinder?
Wo schränken Sie Ihre Kinder ein?
Wie können Sie Ihre Kinder loslassen?
In welchen Punkten haben Sie Ihre Kinder schon losgelassen?

Aufgabe der Eltern

Die Aufgabe der Eltern liegt nicht darin, die Kinder festzuhalten, sondern sie loszulassen. Kinder sind nicht Eigentum ihrer Eltern, sie sind auf die Welt gekommen, um ihre eigenen Wege zu gehen. Die Kinder sind nicht dazu da, die Erwartungen der Eltern zu erfüllen, indem sie den Beruf wählen, den die Eltern nie ergreifen konnten, oder indem sie sonstige Wünsche und Hoffnungen befriedigen. Der libanesische Philosoph und Dichter Khalil Gibran hat das in dem Buch „Der Prophet"[14] wunderbar auf den Punkt gebracht:

Khalil Gibran: Von den Kindern

Und eine Frau, die einen Säugling an der Brust hielt, sagte:
Sprich uns von den Kindern.

Und er sagte:

Eure Kinder sind nicht eure Kinder. Sie sind die Söhne und Töchter der Sehnsucht des Lebens nach sich selber.

Sie kommen durch euch, aber nicht von euch, und obwohl sie mit euch sind, gehören sie euch doch nicht.

Ihr dürft ihnen eure Liebe geben, aber nicht eure Gedanken, denn sie haben ihre eigenen Gedanken.

Ihr dürft ihren Körpern ein Haus geben, aber nicht ihren Seelen, denn ihre Seelen wohnen im Haus von morgen, das ihr nicht besuchen könnt, nicht einmal in euren Träumen.

Ihr dürft euch bemühen, wie sie zu sein, aber versucht nicht, sie euch ähnlich zu machen.

Denn das Leben läuft nicht rückwärts, noch verweilt es im Gestern. Ihr seid die Bogen, von denen eure Kinder als lebende Pfeile ausgeschickt werden.

Der Schütze sieht das Ziel auf dem Pfad der Unendlichkeit, und er spannt euch mit seiner Macht, damit seine Pfeile schnell und weit fliegen.

Lasst euren Bogen von der Hand des Schützen auf Freude gerichtet sein; denn so wie er den Pfeil liebt, der fliegt, so liebt er auch den Bogen, der fest ist.

Checkliste

Lassen Sie den Ballast der Vergangenheit los!	
Kindheit loslassen:	
Verwandte nach Geschichten meiner Kindheit fragen	
Verwandte nach der Familiengeschichte fragen	
Fragen zu den Eltern	
Fragen zu den Geschwistern	
Fragen zu Ihrer Geburt	
Ihren Stammbaum erstellen	
Fotos von Ihnen als Kind heraussuchen	
Eltern loslassen:	
Werte der Eltern	
Botschaften der Eltern	
Urteile über die Eltern	
Das habe ich von meinen Eltern gelernt	
Das habe ich an meinen Eltern vermisst	
Fotos der Eltern als Kinder heraussuchen	
Ehemalige Partner loslassen:	
Geschichte Ihrer Beziehungsfähigkeit	
Abschiedsbrief an ehemalige Partner	
Kinder loslassen:	
Erwartungen an Ihre Kinder Loslassen von Erwartungen, Wünschen und Hoffnungen	

Das Wichtigste auf einen Blick

- Wir alle sind Teil eines Familiensystems und leben in einem Beziehungszusammenhang.
- Familienmitglieder bleiben miteinander verbunden, auch wenn sie sich jahrelang nicht gesehen haben und selbst dann, wenn es nie zu einer direkten Begegnung gekommen ist.
- Die ersten Jahre der Kindheit prägen unser ganzes weiteres Leben.
- Ohne Wurzeln keine Flügel.
- Viele unserer Ängste resultieren aus der Angst des kleinen Kindes, nicht des Erwachsenen. Wenn wir wieder das Herz öffnen für dieses kleine Kind, sind wir bereit, unsere Gefühle der Kindheit loszulassen.
- Unsere Erfahrungen aus der Kindheit sind oft verzerrt oder generalisiert. Sie haben wenig mit der Realität zu tun.
- Wer seine Eltern ablehnt, bleibt an sie gebunden. Erst durch eine Versöhnung mit den Eltern werden wir frei für unsere Zukunft.
- Lassen Sie Ihre ehemaligen Partner los, damit Sie sich auf eine neue Beziehung einlassen können.
- Lassen Sie als Eltern die Erwartungen, Hoffnungen und Wünsche an Ihre Kinder los, damit sie ihren eigenen Weg gehen können.

5 Sorgen um die Zukunft loslassen

Frei sein für den Augenblick

Nachdem wir den Ballast der Vergangenheit hinter uns gelassen haben, gehen wir daran, die Sorgen um die Zukunft loszulassen. Wenn wir uns gedanklich weder in der Vergangenheit noch in der Zukunft befinden, sind wir ganz im Augenblick.

> Ein glückliches Leben besteht in erster Linie aus Freiheit von Sorgen.
>
> **Cicero**

Welche Sorgen gibt es?

Es gibt viele Arten von Sorgen. Dazu gehören sicher finanzielle, berufliche oder gesundheitliche, aber auch die, den Partner zu verlieren, oder allgemein die Sorgen im Hinblick auf Gefahren und schließlich den Tod. Es können allerdings auch ganz alltägliche Sorgen sein, wie die, zu spät zu kommen oder bei einer wichtigen Konferenz plötzlich zu versagen.

Worum machen Sie sich Sorgen?

- Beruf zu verlieren ☐
- soziale Kontakte zu verlieren ☐
- Freunde zu verlieren ☐
- Familienmitglieder zu verlieren ☐
- Versagen ☐
- Ablehnung ☐
- Manipulation ☐
- Bestrafung ☐
- Sucht ☐
- Gesundheit ☐

- Unfall ☐
- Tod ☐

Wie berechtigt sind Ihre Sorgen? Was können Sie tun, damit Sie sich weniger sorgen?
Schreiben Sie für jede Sorge, die Sie angekreuzt haben, drei Beispiele auf, wie Sie diese Sorge minimieren können.

____
____
____
____
____
____
____
____
____
____
____
____
____

> Ein großer Teil der Sorgen besteht aus unbegründeter Furcht.
> **Jean-Paul Sartre**

Gesundheitliche Auswirkungen

Wenn Sorgen unseren Tagesablauf bestimmen, fühlen wir uns ängstlich, eingeengt, hilflos und ohnmächtig. Die Reaktion unseres Körpers lässt nicht lange auf sich warten: Sich ständig Sorgen zu machen, kann zu starken gesundheitlichen Schäden führen. Untersuchungen haben ergeben, dass Stress direkten Einfluss auf unser Immunsystem hat. Wir leiden häufiger an Infektionen und Magenverstimmungen. Es kann zu erhöhtem Blutdruck, erhöhten Zuckerwerten oder Erkrankungen der Schilddrüse kommen. Da wir uns oft in der Nacht Sorgen machen, kommt es zu Schlafstörungen und am Tag zu Ermüdungserscheinungen.

Sorgen fördern den Mangel

Sorgen verhindern die negativen Ereignisse in der Zukunft nicht, sie ziehen sie an. Wenn wir sorgenvollen Gedanken zu viel Aufmerksamkeit schenken, können wir damit Schicksalsschlägen sogar den Boden bereiten. Machen wir uns Sorgen um das liebe Geld, denken wir in der Kategorie des Mangels. Das wird nie zu Wohlstand führen! Denken wir dagegen in der Kategorie der Fülle, stolpern wir vielleicht schon bald über die Anzeige für einen interessanten Nebenjob oder gar einen Beruf, der mehr Gehalt verspricht.

Ursachen für Sorgen

Viele unserer Sorgen sind nicht dadurch entstanden, dass wir eine schlechte Erfahrung gemacht haben, sondern sie haben ihre Ursache in der Kindheit. Kinder werden geprägt durch die Gedanken und Überzeugungen ihrer Eltern. Können Sie sich an Sätze erinnern wie: „Wo soll das noch enden?", „Das geht nicht gut", „Früher war alles besser", „Am Ende passiert noch was"? Das alles sind Sätze, die verunsichern. Hier geht es darum zu erkennen, welche sorgenvollen Gedanken wir von unseren Eltern übernommen haben, damit wir sie wieder loslassen können.

Beantworten Sie die folgenden Fragen bitte schriftlich.
Welche Sorgen hatten Ihre Eltern? Waren sie vielleicht selbstständig und mussten deswegen viel arbeiten und vieles entbehren? Ist das ganze Geld in den Betrieb geflossen und war nichts mehr da für die Kinder? Hatten sie vielleicht einen unsicheren Beruf und waren ängstlich, ihn zu verlieren? Fragen Sie sich nun, ob diese Sorgen berechtigt waren? Inwieweit wirken diese Sorgen auf Ihr jetziges Leben? Wie behindern diese Sorgen Ihr Glück und Ihre Zufriedenheit? Gibt es einen Grund, diese Sorgen loszulassen? Wenn ja, dann tun Sie es.

Sorgen um den Partner loslassen

> Die Liebe allein versteht das Geheimnis, andere zu beschenken und dabei selbst reich zu werden.
> **Aurelius Augustinus**

Manipulation oder Liebe?

Die Angst vor dem Verlust des Partners bringt viele Menschen dazu, sich an ihn zu klammern. Wir wollen ihn festhalten, kontrollieren und versuchen, ihn auf vielerlei Weise an uns zu binden. Häufig gleicht dieses Verhalten eher der Manipulation als der Liebe. Wir stellen uns sehr auf ihn ein, um im Gegenzug das Gefühl des Geliebtseins und der Sicherheit von ihm zu bekommen. Er soll das Bild von uns haben, von dem wir meinen, dass er es liebt. So sagen wir ihm beispielsweise, dass wir sein Hobby Fußball toll finden und setzen uns sogar jeden Samstag mit ihm vor die Sportschau. Das geht vielleicht eine Zeit lang gut, aber irgendwann können wir nicht leugnen, dass wir sowohl ihm als auch uns etwas vorgemacht haben.
Lassen Sie die zahlreichen Manipulationen los! Wenn der Partner eines Tages gehen will, geht er. Es ist unmöglich, jemanden dahin gehend zu manipulieren, dass er oder sie einen liebt. Liebe schließt Manipulation aus.

> Der Liebe lässt sich kein Gesetz und Maß vorgeben.
> **Katharina von Siena**

Falsche Erwartungen

Wenn wir uns in der Phase der Verliebtheit ein Idealbild vom Partner gemacht haben, stellen wir dementsprechende Erwartungen an ihn. Diese Erwartungen aber kann auch der einfühlsamste Partner auf Dauer nicht erfüllen. So bleiben wir enttäuscht und verletzt zurück.
Lassen Sie Ihre Erwartungen los! Sie nehmen Ihrer Beziehung damit die Spontanität und Freude. Werden Sie selbst der ideale Partner, den Sie sich wünschen. Geben Sie dem Partner die Liebe, die Sie sich von ihm erwarten. Jeder empfängt nur das Maß an Liebe, das er gibt.

Eifersucht

Wenn der Partner flirtet oder sich für einen anderen interessiert, fühlen wir uns oft abgewertet, hilflos und wütend. Wie heißt es so schön: Eifersucht ist die Leidenschaft, die mit Eifer sucht, was Leiden schafft. Sie entsteht am häufigsten, wenn wir uns mit jemand vergleichen. Der oder die andere ist immer attraktiver, sympathischer oder schlanker. In diesem Moment stehen

wir nicht zu uns, wie wir sind. Wir wären gerne wie der oder die andere. Da verwundert es kaum, wenn auch der Partner sich von uns abwendet und nach anderen Ausschau hält. Nur wenn wir zu uns selbst stehen und uns so lieben, wie wir sind, wird das auch der Partner tun. Und nur wenn wir den Partner so annehmen, wie er ist, kann eine tragfähige, dauerhafte Bindung entstehen.
Lassen Sie die Eifersucht los! Der Partner gehört Ihnen nicht, er ist nicht Ihr Eigentum, und Sie haben keinen Garantieschein für Ihre Beziehung. Vertrauen Sie. Nur so lassen Sie sich und ihm die notwendige Freiheit.

> Die begründete wie die unbegründete Eifersucht vernichtet diejenige Würde, deren die gute Liebe bedarf. **Gottfried Keller**

Berufliche Sorgen loslassen

Burn-out im Beruf

Es gibt viele Arten, auf die Menschen versuchen, Anerkennung und Aufmerksamkeit zu erlangen. Die heute verbreitetste Form ist die, möglichst zu viel zu arbeiten. Die Menschen haben die Balance zwischen Arbeit und Muße verloren. Unfähig sich zu entspannen, werden sie angetrieben immer schneller und besser zu funktionieren. Das endet häufig im Zusammenbruch. Viele sind dann plötzlich und unerwartet sogar nicht mehr fähig, Telefonate zu führen oder andere alltägliche Dinge zu tun. Psychologen sprechen in diesem Zusammenhang vom Burn-out-Syndrom, vom Ausgebranntsein.

Bore-out im Beruf

Neben dem Burn-out durch zu viel Arbeit gibt es auch den Bore-out durch zu wenig erfüllende Arbeit, genauer gesagt durch Langeweile am Arbeitsplatz. Menschen schaden sich, wenn sie jeden Tag mit dem Gefühl zur Arbeit gehen, dort eigentlich nicht gebraucht zu werden. So beschäftigen sie sich eifrig damit, Blätter von rechts nach links zu legen. Sie leiden an geistiger Unterforderung. – Wie sieht es mit Ihrem derzeitigen Beruf aus? Bringt auch er zwar das nötige Geld, lässt Sie aber innerlich verkümmern?

Work-Life-Balance

Es geht darum, die richtige Balance zu finden zwischen Beruf und Privatleben. Sabine Asgodom schreibt dazu in ihrem Buch „Balancing – Das ideale Gleichgewicht zwischen Beruf und Privatleben“[1]: „Es gibt keinen dauerhaften Erfolg im Beruf ohne ein erfülltes Privatleben“ und weiter „Privates Glück hält nicht ohne Erfolgserlebnisse außerhalb des Heims". Wenn wir zu viel Zeit in unseren Beruf investieren, ohne das Privatleben zu achten oder umgekehrt, außer dem Privatleben keine äußeren Erfolge aufzuweisen, rächt sich das gesundheitlich. Es äußert sich dadurch, dass Sie zunehmend schlapp sind, Kopfschmerzen haben, anfällig sind für Infekte und unter Schlafstörungen leiden. Nehmen Sie diese Botschaften Ihres Körpers ernst, bevor er krank wird.

Ebenso wichtig ist es, keine zu starke Trennlinie zwischen Beruf und Privatleben zu ziehen. Wer nur arbeitet, um Geld zu verdienen und in der Arbeit selbst gar keinen Sinn sieht, wird auch bei einem noch so ausgefüllten Privatleben keine Gelassenheit finden.

Regeln für ein ausgeglichenes Leben

- Gehen Sie pünktlich nach Hause, oder handeln Sie Überstunden so aus, dass es für Sie passt. Niemand hat etwas davon, wenn Sie nur noch mit halber Kraft arbeiten, weil Sie erschöpft sind. Ganz zu schweigen von dem Verlust, den es dem Unternehmen bringt, wenn Sie wegen Burn-out ganz ausfallen.
- Verbringen Sie Ihre Freizeit nicht vor dem Fernseher, sondern an der frischen Luft. Bewegen Sie sich.
- Nehmen Sie Ihren Jahresurlaub regelmäßig zwischendurch, und sammeln Sie ihn nicht an.
- Sprechen Sie regelmäßig über Probleme im Beruf entweder mit einem Coach oder mit einem Freund.
- Fahren Sie mindestens einmal im Jahr an einen Ort, wo Sie noch nie gewesen sind: andere Kulturen, andere Sichtweisen. Das macht gelassen für das eigene Leben. Wir nehmen uns und unsere Sorgen nicht mehr so wichtig.
- Besuchen Sie Seminare, in denen Sie auf Gleichgesinnte treffen. Finden Sie einen geistigen Ausgleich zu Ihrem Beruf.

> Wer gut verdient, strengt sich nicht an. Wer sich anstrengt, verdient nicht gut.
> **Chinesisches Sprichwort**

Stress im Beruf

Stress entsteht im Beruf vor allen Dingen, wenn wir nicht Nein sagen können zu Arbeit, die uns überfordert. Schnell sind wir in Gedanken verfangen, die da sagen „Mein Chef wird mich rausschmeißen, wenn ich das nicht leiste" oder „Meine Kollegen werden mir einen Strick daraus drehen, wenn ich früher nach Hause gehe". Diese Sorgen quälen uns und hindern uns daran, wirklich aktiv und frisch im Büro unsere Arbeit zu erledigen. Von dieser Geisteshaltung hat keiner etwas, am wenigsten Sie selbst. Wenn Ihnen also Ihr Chef oder Ihre Kollegen kurz vor Feierabend noch Aufgaben aufbürden möchten, die Sie an dem Tag nicht mehr erledigen können, ist es kein Verbrechen, darauf hinzuweisen oder zu fragen, ob das auch bis morgen noch Zeit hat. Entweder bittet Ihr Chef Sie nun, Überstunden zu machen, oder Sie finden andere Lösungen. Alles ist besser, als nichts zu sagen und stumm zu leiden.

Wo haben Sie Stress?

- Im Büro ☐
- Zu Hause ☐
- Im Verein ☐
- Mit Freunden ☐
- In der Partnerschaft ☐

Was genau verursacht bei Ihnen Stress?
Wie tragen Sie dazu bei, dass der Stress entsteht?
Was können Sie konkret tun, um den Stress aufzulösen?

Kündigungssorgen

Menschen, die Angst vor einer Kündigung haben, setzen sich innerlich unter enormen Druck. Prüfen Sie für sich, wie realistisch diese Sorge ist. Dann überlegen Sie sich, was Sie wahlweise tun können, wenn Sie wirklich Ihren Job verlieren. So stehen Sie der Kündigung nicht mehr völlig hilflos gegenüber. Sie können zudem überlegen, wozu es gut wäre, wenn Sie Ihren Job verlören. So lassen Sie das Gefühl der Angst bewusst los und begeben sich in den Bereich der Zuversicht und des Vertrauens. Denken Sie überdies daran, dass vielleicht etwas ganz anderes, Besseres kommen wird. Das hebt immer die Stimmung und ist der beste Garant für eine beruflich sichere Zukunft.

Endlose Konferenzen

Wenn man bedenkt, wie viel Zeit in Unternehmen damit verbracht wird, über Probleme zu diskutieren, verwundert es nicht, wenn viele Arbeitnehmer unter zunehmendem Stress leiden. Viele gehen von einer Konferenz in die nächste, und jedes Mal wird aufs Neue zunächst davon berichtet, was alles schiefläuft und wo die einzelnen Mitarbeiter Probleme haben. So sind alle Energien auf Probleme und Misserfolge gerichtet. Dann werden wortreich Lösungen gesucht. Und in Wirklichkeit bewegt man sich im Kreis.

Vom Problem zur Lösung

In einigen Unternehmen ist man dazu übergegangen, zu Beginn einer Konferenz zu sammeln, was alles prima läuft und wo Erfolge zu verzeichnen sind. Das muss nicht lange dauern, hat aber eine positive Wirkung auf die Motivation der Mitarbeiter. Probleme werden von jedem Mitarbeiter vorab eigenständig durchdacht, bevor er in eine Konferenz geht, will heißen: Er beschreibt das Problem in einem Satz, deckt die Ursachen auf und präsentiert mindestens drei Lösungsvorschläge. In der Konferenz entscheidet man sich dann für einen Lösungsweg. Die Konferenzen fokussieren sich so auf die Lösungen, nicht auf die Probleme.

Finanzielle Sorgen loslassen

Einnahmen und Ausgaben

Wir haben viele Ausgaben wie Miete, das Abzahlen von Krediten, Kleidung, Auto, Gebühren, Versicherungen usw. Warum gibt es nun Menschen, die, obgleich sie wenig verdienen, mit ihrem Geld gut klarkommen, und Menschen, die selbst mit viel Geld am Monatsende immer zu wenig haben? Sie geben einfach mehr aus, als sie verdienen! Das fällt zuerst vielleicht gar nicht auf, weil gewisse Rücklagen bestehen. Wichtig ist in diesem Zusammenhang, die Ausgaben für einen Monat genau aufzuschreiben.

Führen Sie die folgende Ausgabentabelle einen Monat. Entweder Sie notieren jede Ausgabe direkt, oder Sie sammeln die Belege und notieren alles einmal pro Woche.

	Datum	Ausgabe	bar bez.	mit Kreditkarte bez.	Verwendungszweck
Auto					
Benzin					
Bahnkarten					
Reisen					
Lebensmittel					
Kleidung					
Miete					
Ausgehen (Theater, Kino, Konzert)					
Strom					
Versicherung					
Reparaturen					
Zeitungen/ Bücher					

Mithilfe dieser Übung können Sie feststellen, wo Ihre Ausgaben zu hoch sind.

Denken Sie darüber nach, wie Sie diesen Bereich ausgleichen können. Seien Sie erfinderisch!

Geld sparen

Für viele Menschen ist es beruhigend, wenn sie Rücklagen auf einem Extrakonto haben. Um solche Rücklagen zu erwerben, gibt es viele Möglichkeiten. Sie nehmen für einige Zeit einen Nebenjob an und sparen den Lohn dafür konsequent. Sie kaufen sich anstelle von Designerkleidung entweder gar nichts Neues (Wie viel Kleidung haben Sie im Kleiderschrank?) oder, wenn diese Ware reduziert ist. Das fällt leichter, wenn Sie sich vorher klarmachen, was für Sie wichtiger ist: neue Kleidung oder das sichere Gefühl, das Ihnen das Extrakonto vermittelt, von dem auch einmal Sonderausgaben beglichen werden können.

Das Geld, das man besitzt, ist das Mittel zur Freiheit, dasjenige, dem man nachjagt, das Mittel zur Knechtschaft. **Jean-Jacques Rousseau**

Sorgen in Bezug auf Gefahren

Schlechte Nachrichten fördern Angst

Heute ist es üblich, dass wir durch die Medien bestens informiert sind. Leider werden wir meistens nur in eine Richtung informiert und das ist die der schlechten Nachrichten. Bitte achten Sie einmal genau darauf, mit was Sie am Tag konfrontiert werden. Sie lesen die Zeitung am Morgen und erfahren etwas über Verkehrsunfälle, Mord und Krieg. Selten steht auf der ersten Seite eine gute Nachricht, das ist nicht das, was die Leute direkt ansprechen würde. Schlagzeilen werden mit negativen Nachrichten gemacht. Gerade morgens ist es nicht gut für unser Gemüt, sich mit Dingen zu beschäftigen, die uns unbewusst verängstigen. Spätestens abends schauen die meisten Menschen dann Fernsehen. Und was erwartet sie? – Politische Streitereien, Finanzkrisen, steigende Energiepreise. Wie bitte sollen wir da gut schlafen? Irgendwann muss unser Körper die Informationen verarbeiten, die er aufnimmt.

Große Dinge sind immer mit großen Gefahren verbunden. **Herodot**

Negativer Fokus

Wenn wir den ganzen Tag mit diesen negativen Nachrichten konfrontiert werden, speichert unser Unbewusstsein das ab: „Die Welt ist voller Gefahren", „Es gibt böse Menschen, die unberechenbar sind", „Ich muss mich schützen". Da verwundert es kaum, dass wir uns Sorgen machen. Nur, sind diese Sorgen gerechtfertigt? Jeden Tag gehen Tausende von Menschen so friedlich miteinander um, dass es keine Schlagzeile wert ist. Jeden Tag befinden sich Tausende von Menschen in Situationen, die kritisch sind, und es passiert nichts. Sind diese Sorgen für etwas gut? Ganz im Gegenteil: Sie fördern unsere Unsicherheit, und wir verlieren genau die Konzentration und Gelassenheit, die nötig wäre, um in einer wirklich kritischen Situation einen klaren Kopf zu behalten.

Wichtig: Bitte führen Sie die folgende Übung durch, bevor Sie weiterlesen. Es geht um die Erfahrung, die Sie machen. Wir lernen nur durch Erfahrung. Wir lernen nie durch bloße Vermittlung von Wissen. Wir lernen nichts, wenn wir ein Buch nur lesen und dann weglegen!

Lassen Sie für mindestens eine Woche den Fernseher aus, und lesen Sie keine Zeitung. Nutzen Sie die Zeit, um einen Spaziergang vor der Arbeit zu machen oder am Abend mit den Kindern zu spielen.

Wie fühlen Sie sich nach dieser Woche? Was hat sich verändert? Wenn es Ihnen besser gehen sollte, probieren Sie es längere Zeit aus.

Gezielt informieren

Nachdem Sie nun eine Woche ganz uninformiert durch den Tag gegangen sind, heißt das nicht, dass Sie uninformiert bleiben müssen. Sie können die Zeitung im Laufe des Nachmittags oder abends lesen, oder Sie entscheiden sich für eine Wochenzeitung. Für das Fernsehen gilt das Gleiche. Morgens beim Frühstück ist der Geist noch klar. Mit was wollen Sie ihn füttern? Mit schlechten Nachrichten oder einem kurzen Spaziergang durch die Natur? Sie können ja einmal in der Woche eine Nachrichtensendung schauen, die alle wichtigen Ereignisse zusammenfasst.

Existenzielle Sorgen

Sorgen um verpasste Gelegenheiten

Wenn wir eine starre und vorgefasste Meinung davon haben, wie unser Leben verlaufen sollte, geraten wir in Gefahr, unseren Zielen unentwegt hinterherzulaufen. Wir werden unfähig, das Leben im Augenblick zu würdigen. Wir klammern uns an die Überzeugung zu wissen, wie unser Leben richtig verlaufen müsste, ohne ihm die Chance zu geben, sich zu entwickeln. So lassen wir uns nicht vom Fluss des Lebens tragen und berauben uns unserer Entwicklungschancen. Wir sind von der Fülle des Lebens getrennt, die sich im Hier und Jetzt ereignet und nicht irgendwann in der Zukunft.

Sorgen um die Gesundheit

Unsere Gesundheit ist ein hohes Gut. Heute wird jedoch ein Kult um die Gesundheit betrieben: Fitnesscenter, Ernährungstipps in jeder Zeitschrift, Wellness. Überall wird uns eingeredet, dass wir unentwegt etwas für unsere Gesundheit leisten müssen. Gesundheit können wir aber nicht durch ein ausgeklügeltes Fitnessprogramm „machen“, sie wurzelt vielmehr in einem gelassenen und klaren Bewusstsein. Und das entsteht genau dann, wenn wir alle übertriebenen Sorgen um unsere Gesundheit loslassen.

> Auch das Denken schadet bisweilen der Gesundheit.
>
> **Aristoteles**

Krankheit

Wenn wir krank werden, machen viele von uns sich selbst dafür verantwortlich. Wir meinen gleich, wir hätten etwas falsch gemacht. Schuldgefühle und Hoffnungslosigkeit breiten sich aus und können die Krankheit noch verschlimmern. Krankheiten können zwar durchaus Botschaften des Körpers an uns sein, die uns zeigen, dass wir ungesund oder stressig gelebt haben, sie müssen es aber nicht. Lassen Sie los von der Vorstellung, dass Sie an Ihrer Krankheit schuld sind! Dann haben Sie die Kraft, angemessen auf die Krankheit zu reagieren!

Sorgen um den Tod

Existenziell gelassen werden wir nur, wenn wir auch den Tod ins Blickfeld nehmen. Begreifen wir den Tod als einen Teil des Lebens, können wir ihn leichter akzeptieren. Wir sind für eine begrenzte Zeit auf Erden, und niemand kann hier bleiben. Vor uns waren unsere Urgroßeltern und Großeltern, mit uns sind unsere Eltern, mit und nach uns unsere Kinder und Enkelkinder. Die Akzeptanz dessen macht uns gelassen, sich vertrauensvoll dem großen Fluss des Lebens anheimzugeben. Es ist gut, die Sorge um den Tod zu lassen und zu leben.

> Das Leben ist nur ein Moment, der Tod ist auch nur einer.
>
> **Friedrich von Schiller**

Mit Sorgen umgehen

Vertrauen Sie!

Es gibt viele Möglichkeiten, Sorgen aus dem Alltag zu vertreiben. Eine ist, zu lernen, dem Leben so zu vertrauen, wie es sich entwickelt. Was passieren soll, wird passieren, ob wir uns darum sorgen oder nicht. Sorgen verhindern nichts, sie fördern nur unsere Ängste. Denn wenn wir in Sorge sind, erleben wir das Schlimmste schon – und zwar in unserer Vorstellung.

Formulieren Sie Ihre Sorgen, und beantworten Sie dazu folgende Fragen: Was ist das Schlimmste, was Ihnen passieren könnte? Schreiben Sie es auf. Was darf Ihnen auf keinen Fall passieren? Schreiben Sie es auf.

Stellen Sie sich ein Theaterstück vor: Sie sehen sich auf einer Bühne mit dem Schlimmsten konfrontiert, was Ihnen passieren könnte. Was können Sie als Zuschauer dem Akteur auf der Bühne raten? Sie haben als Zuschauer einen Überblick, und Ihnen fallen schneller Reaktionsmöglichkeiten ein, die, wenn Sie sich real in der Situation befänden, möglicherweise fehlen würden.

Was ist das Beste, was Ihnen passieren könnte?
Welche Wahlmöglichkeiten gibt es für Sie?
Welchen Preis zahlen Sie für Ihre Sorgen?
Wie hoch ist die Wahrscheinlichkeit, dass sich Ihre Sorgen erfüllen?

Worüber wollen Sie sich in Zukunft keine Sorgen mehr machen?
Was wollen Sie nicht mehr?
Was wollen Sie stattdessen? Ich will … mutiger werden. Formulieren Sie danach den Satz mit „Ich bin", also: Ich bin mutiger. Dann nennen Sie drei Beispiele, wann Sie in der letzten Zeit mutig waren.

Kleine Tipps, um Sorgen zu vertreiben:

- Treffen Sie folgende Entscheidung: Heute will ich glücklich sein. Nur heute. Es liegt in meiner Macht. Ich trage die Verantwortung für mein Glück.
- Beschäftigen Sie sich mit etwas, wo Sie sich konzentrieren müssen. Wenn Sie sich auf etwas konzentrieren, wie z. B. eine Reiseroute ausarbeiten oder einen neuen Job vorbereiten, können Sie sich nicht gleichzeitig Sorgen machen. Wichtig ist es, keine automatische Arbeit zu erledigen wie putzen oder lesen, sondern eine Beschäftigung zu wählen, bei der Sie planen, entscheiden und etwas Neues wagen müssen!
- Tun Sie etwas für andere, ohne dass sie etwas davon mitbekommen.
- Treiben Sie Sport in der Natur, oder gehen Sie tanzen.
- Schreiben Sie Ihre sorgenvollen Gedanken auf.
- Teilen Sie Ihre Sorgen mit einem Freund.
- Überlegen Sie sich, was das Gute daran wäre, wenn die Sorgen sich bestätigen würden? Was wäre Ihnen dann möglich?

Lassen Sie Ihre Sorgen um die Zukunft los!

Worum machen Sie sich Sorgen?	
Was ist das Schlimmste, was passieren könnte?	
Wie berechtigt sind Ihre Sorgen?	
Welche Sorgen haben Sie von Ihren Eltern übernommen?	
Inwieweit wirken diese Sorgen auf Ihr jetziges Leben?	

Berufliche Sorgen:	
Burn-out und Bore-out	
Work-Life-Balance	
Stress im Beruf	
Was verursacht bei Ihnen Stress?	
Wie tragen Sie dazu bei, dass der Stress entsteht?	
Wie können Sie den Stress minimieren?	

Finanzielle Sorgen:	
Einnahmen-Ausgaben-Liste einen Monat führen	
Zu hohe Ausgaben minimieren und Extrakonto anlegen	

Sorgen in Bezug auf Gefahren:	
Eine Woche ohne Fernseher und Zeitung leben	
Gezielt informieren	

Existenzielle Sorgen:	
Verpasste Gelegenheiten	
Krankheit und Tod	

Das Wichtigste auf einen Blick

- Sich ständig Sorgen zu machen, kann zu starken gesundheitlichen Schäden führen.
- Um den Partner nicht zu verlieren, manipulieren wir ihn, um von ihm Liebe und Sicherheit zu bekommen. Sind wir eifersüchtig, vergleichen wir uns mit anderen. In diesem Moment stehen wir nicht zu uns, wie wir sind.
- Berufliche Sorgen führen zu Burn-out oder Bore-out. Wichtig ist es, die Balance zu finden zwischen Beruf und Privatleben.
- Finanzielle Sorgen entstehen, wenn wir mehr ausgeben, als wir verdienen! Um Rücklagen zu bilden, legen Sie sich ein Extrakonto an.
- Wir können die Informationen der Medien nicht aufnehmen, ohne dabei selbst negativ zu denken. Zu viele Nachrichten fördern unsere Unsicherheit.
- Sorgen um verpasste Chancen verhindern, dass wir im Augenblick leben. Wir halten fest an Vorstellungen, wie unser Leben verlaufen sollte, ohne es sich selbst entwickeln zu lassen.
- Gesundheit wurzelt in einem gelassenen und klaren Bewusstsein. Lassen Sie los von der Vorstellung, dass Sie an Ihrer Krankheit schuld sind!
- Begreifen wir den Tod als einen Teil des Lebens, können wir ihn leichter akzeptieren.
- Was passieren soll, wird passieren, ob wir uns darum sorgen oder nicht. Sorgen verhindern nichts, sie fördern nur unsere Ängste.

6 Sich auf den Körper einlassen

Eine neue Freundschaft schließen

> Menschen reisen, um zu staunen
> Angesichts der Höhe der Berge, der riesigen Wellen der See,
> der langen Wasserläufe der Flüsse, der ungeheuren Ausdehnung des Meeres,
> der Wanderung der Sterne am Himmel,
> und sie gehen an sich selbst vorbei, ohne zu staunen.
>
> **Aurelius Augustinus**

Nachdem wir unsere alten Denk- und Handlungsmuster losgelassen haben, halten wir Ausschau nach dem, worauf wir uns nun einlassen. Wir beginnen mit der Konzentration auf den Körper. Ernähren wir ihn ausgewogen, pflegen wir ihn, gönnen wir ihm Ruhepausen, und geben wir ihm die nötige Bewegung?

Körpersignale

Wie wir bereits festgestellt haben, nimmt die Gelassenheit ihren Ausgang von den Gedanken, die im Gehirn entstehen. Das Gehirn empfängt wiederum Signale von Herz, Haut und Muskeln und deutet sie. Das heißt, erst wenn sich die Gedanken mit den richtigen Körpersignalen verbinden, können wir auch ein Gefühl der Gelassenheit empfinden. Körper und Geist arbeiten hier eng zusammen. Lassen wir z. B. die Schultern hängen und zeigen unsere Mundwinkel nach unten, können wir uns nicht glücklich fühlen, ganz gleich, was wir denken.

> Der Körper ist der Übersetzer der Seele ins Sichtbare.
>
> **Christian Morgenstern**

Der Körper ist unser Spiegel

Ohne ausgewogene Ernährung, die eine reichliche Flüssigkeitszufuhr mit einschließt, und ausreichende Bewegung können wir uns nicht ganz gelassen fühlen. Der Zustand unseres Körpers spiegelt den Zustand unserer geistigen Verfassung wider. Und unsere geistige Verfassung spiegelt den Zustand des Körpers wider. Körper und Geist bilden eine Einheit. Wer das eine vernachlässigt, vernachlässigt auch das andere.

Dem Körper danken

Wenden Sie sich Ihrem Körper zu. Schauen Sie Ihre Hände, Füße, Beine usw. genau an. Nehmen Sie alle Bewegungen, die Tag für Tag unbewusst ablaufen, jetzt einmal bewusst wahr. Ihr Körper ist immer für Sie da. Danken Sie ihm, dass er so perfekt funktioniert.

Unsere Sinne

Um den Körper bewusster wahrzunehmen, ist es sinnvoll, unsere fünf Sinne zu schärfen: den visuellen (das Sehen), den auditiven (das Hören), den kinästhetischen (das Fühlen), den olfaktorischen (das Riechen), den gustatorischen (das Schmecken). Meistens haben wir einen Sinneskanal besonders ausgeprägt und vernachlässigen dadurch die anderen Kanäle. Ziel ist es, wieder alle Sinne gleichermaßen zu trainieren, damit wir die Welt auf vielfältige Art und Weise wahrnehmen und aufmerksamer werden.

Kleine Übungen für den Alltag, um die Sinne zu schärfen:

- **Visuell:** Sehen Sie genau hin, welche Farben Sie umgeben, wie die Häuser in Ihrer Umgebung gebaut sind oder wie schön der Baum ist, an dem Sie jeden Morgen vorbeifahren.
- **Auditiv:** Konzentrieren Sie sich auf die leisen Töne in Ihrem Alltag wie den Gesang der Vögel.
- **Kinästhetisch:** Berühren Sie bewusst Gegenstände wie das Besteck oder Ihren Wollpullover.
- **Olfaktorisch:** Nehmen Sie die Gerüche in Ihrer Umgebung wahr, wie frisches Obst oder Ihr Lieblingsparfüm.
- **Gustatorisch:** Schmecken Sie z. B. beim Mittagessen die Kräuter heraus, oder essen Sie einen Apfel, als ob Sie noch nie zuvor einen gegessen hätten.

Sich einlassen auf eine gesunde Ernährung

Nahrung ist Energie

Da unser Körper zahlreiche Funktionen zu erfüllen hat, braucht er genügend Energiezufuhr in Form von gesunder Nahrung wie Obst, Gemüse, Getreide und Nüsse. Ungesunde Ernährung ist Stress für unseren Körper. Wenn wir ihm zu viel oder zu wenig energiereiche Nahrung zuführen, kann er nicht gut für uns sorgen. Er wird krank und schlapp und hat somit noch mehr Arbeit, die er dann nicht mehr für Sie leisten kann.

Nehmen Sie einen Anatomieatlas zur Hand, in dem Ihr Körper mit seinen zahlreichen Funktionen erklärt ist. Lesen Sie sich ihn genau durch, und erkennen Sie, was Ihr Körper in jeder Minute für Sie leistet. Unterstützen Sie ihn dabei mit einer ausgewogenen Ernährung?

Currywurst contra Salat

Was bringt uns dazu, eine Currywurst dem Salat vorzuziehen, wo wir doch wissen, dass sie nicht gesund ist? Es tauchen vor dem Essen Gedanken auf wie: „Nach diesem anstrengenden Tag brauche ich aber was Richtiges" oder „Jetzt gönne ich mir was". Wir haben gelernt, dass Currywurst essen schön ist, entspannend und lecker. Ist dem wirklich so? Horchen Sie beim nächsten Mal in sich hinein, wenn Sie eine Currywurst gegessen haben: Wie geht es Ihnen? Fühlen Sie sich energiegeladen und leicht oder müde und schwer?

Entspannung am Abend

Stellen Sie sich vor, Sie kommen abends nach Hause, haben schnell noch eingekauft und freuen sich schon den ganzen Tag auf den Fernseher und eine kühle Flasche Bier oder auf ein schönes Glas Wein. Sie denken, das entspannt mich. Das habe ich mir verdient. Nun spüren Sie einmal nach, wie Sie sich nach so einem Abend vor dem Fernseher mit Bier oder Wein fühlen. Sind Sie entspannt, ausgeruht, und fühlen Sie sich gut? Haben Sie also Ihr Ziel erreicht?

Wir haben uns so sehr an wohlschmeckende Nahrung gewöhnt und unsere Liebhabereien so sehr gehätschelt, dass wir alle Fassung verlieren, wenn wir Nahrung bekommen, an die wir nicht gewöhnt sind.

Mahatma Gandhi

Hören Sie auf Ihren Körper

Wir haben gewisse Genussstoffe mit positiven Gefühlen und Gedanken verbunden. Deswegen meinen wir, uns danach besser zu fühlen. Hören Sie ab heute nur noch auf Ihren Körper: Mag er das, was Sie ihm anbieten, wirklich? Wann ist Ihr natürliches Sättigungsgefühl erreicht? Fragen Sie ihn, wie viel er essen will und was ihm gut schmeckt? Entspannt er sich vielleicht eher bei einem Tee am Abend als bei Wein und Bier? Sie können ihn langsam umprogrammieren auf das, was ihm bekommt. Wenn Sie dann eine Currywurst sehen, denken Sie an das Völlegefühl danach. Dann werden Sie sie liegen lassen und nach einer gesunden Alternative suchen.

> Fragen Sie Ihren Arzt nach einem Ernährungsprotokoll. Darin tragen Sie eine Woche lang ein, was Sie alles essen. Danach wird geprüft, ob Sie sich ausgewogen ernähren. So kann für Sie ein individueller Ernährungsplan erstellt werden, mit dem alle Nährstoffe abgedeckt sind.

Sich einlassen auf körperliche Bewegung

Bewegung macht glücklich

Nach nur 30 Minuten Ausdauertraining bei einer gleichmäßigen Atmung werden Glückshormone wie Serotonin und Endorphine ausgeschüttet. Diese Stoffe wirken entspannend und regen die Phantasie und Kreativität an. Muskelverspannungen im Schulter- und Nackenbereich werden gelöst, Herz- und Kreislaufleistung verbessert, die Fettverbrennung gefördert und somit Gewicht reduziert. Außerdem wird durch die Bewegung an der frischen Luft die Sauerstoffaufnahme des Gehirns erhöht.

Die Wirkung der Natur auf unsere Psyche

Die Natur ist ein Biotop und Psychotop. Der Blick aufs Grüne steigert die Stimmung und senkt den Puls. Beim Spaziergang werden gleich zwei elementare Lebensmotive befriedigt. Das Weggehen von zu Hause entspricht dem Loslösen vom Alltag und seinen Verpflichtungen, Sorgen und Problemen. Wir suchen das Paradies in der Ferne. Das Ankommen zu Hause gestaltet sich, indem wir uns hinsetzen, etwas trinken und die Annehmlichkeiten des Heims genießen. Das Alltägliche hat uns wieder.
In der Natur findet der Mensch zu den Quellen seines Ich, hier entdeckt er seine Natürlichkeit wieder. Die Pflanzen zeigen, welche Entwicklungen auch

für den Menschen möglich sind: Wachstum, Entfaltung, Reife, dann Sterben und Tod und erneutes Erblühen.

Gehen Sie mindestens 30 Minuten am Tag an die frische Luft. Genießen Sie auch im Winter jeden Sonnenstrahl. Wenn es die Temperaturen zulassen, gehen Sie ab und zu barfuß über Gras.

Ändert sich der Zustand der Seele, so ändert dies zugleich auch das Aussehen des Körpers und umgekehrt: Ändert sich das Aussehen des Körpers, so ändert dies zugleich auch den Zustand der Seele. **Aristoteles**

Es folgen Beschreibungen einiger einfacher Sportarten, die keiner großen Ausrüstung bedürfen und mit denen sofort begonnen werden kann.

Nordic Walking

Nordic Walking ist eine Sportart, die einfach und schnell zu erlernen und auch für nichtsportliche Personen geeignet ist. Hat man einmal Stöcke und passende Walkingschuhe, ist die Ausrüstung perfekt. Nehmen Sie an einem Einführungskurs teil, um die Technik zu erlernen. Nordic Walking kann man jeden Tag machen, und die Laufzeit sollte mindestens 30 Minuten andauern. Bei dieser Sportart ist es ein Leichtes, ein bis zwei Stunden „durchzuhalten", ohne die Puste zu verlieren. Wichtig ist dabei, einen regelmäßigen Atemrhythmus zu finden.

Joggen

Das Lauftraining fördert die Gesundheit ebenso wie Nordic Walking. Am besten fängt man langsam an und steigert sich kontinuierlich. Wenn Sie drei Mal in der Woche mit 10 Minuten beginnen, können Sie sich auf 30 Minuten steigern. Denken Sie beim Joggen daran, immer so langsam zu laufen, dass Sie sich noch ohne Anstrengung unterhalten könnten. Der Muskel bekommt nur beim langsamen Dauerlauf genug Sauerstoff, um Fett verbrennen zu können. Läuft man dagegen zu schnell, geht den Muskeln und uns selbst der Sauerstoff aus. Der Körper verbrennt so nur die leichter verfügbaren Kohlenhydratvorräte.

Schwimmen

Die physikalischen Eigenschaften des Wassers wirken sich gesundheitlich positiv auf den menschlichen Körper aus. Das Element Wasser hat eine etwa tausendmal größere Dichte als Luft. Jede Bewegung in diesem Element wird also gegen einen größeren Widerstand ausgeführt. Durch dieses Mehr an Körperarbeit werden mehr Kalorien verbraucht. Brust-, Schulter- und Armmuskulatur werden gestärkt, das Herz-Kreislauf-System trainiert und die Lungenfunktion verbessert. Regelmäßiges Schwimmen wirkt sich positiv auf das Lungenvolumen aus und führt zu einem regelmäßigeren Atemrhythmus. Außerdem hat die entspannende Wirkung des Wassers einen positiven Effekt auf die Psyche.

Aquaboxing

Neben vielen anderen Wassersportarten wie Aquajogging, Aquawalking, Aquarobic, Aquadancing, bei denen auch Musik eingesetzt wird, trainiert das Aquaboxing Kampfsportbewegungen ohne Gegner. Es eignet sich besonders zur Stressbewältigung. Mit den spezifischen Arm- und Beinbewegungen, die dem Boxen und Thai-Boxen entlehnt sind, werden Beweglichkeit und Körperbeherrschung trainiert. Man fühlt sich im wahrsten Sinne des Wortes leichter nach diesem Training.

Bewegungen bewusst wahrnehmen

Neben den klassischen Sportarten gibt es auch Sportarten, die besonders die Einheit von Körper, Geist und Seele fördern. Sie haben direkten Einfluss auf unsere psychische Gesundheit. Indem die eigenen Bewegungsabläufe bewusster wahrgenommen werden, lernen wir auch, uns selbst wieder besser zu spüren.

Feldenkrais

Die Feldenkrais-Methode führt zu einer Optimierung der Bewegungsabläufe. Das Gehen, Stehen und Sitzen wird genauestens beobachtet, und neue Abläufe werden erarbeitet. So können eingefahrene, falsche Abläufe vermieden werden. Nicht die Bewegung an sich, sondern die Wahrnehmung, wie wir eine Bewegung machen, steht im Mittelpunkt. Ziel ist es, seinen Körper wieder zu spüren und zu lernen, was guttut und was nicht.

Aikido

Aikido, was sinngemäß so viel heißt wie „Der Weg der harmonischen Energie", entstammt einer alten japanischen Kampfkunst, die auf einer defensiven Kampfhaltung basiert. Es sind keine Fußtritte oder Schläge erlaubt. Die Kraft des Angreifers wird neutralisiert, um den Angreifer zu bändigen.
Dafür geht ein Aikidoka erst mit dem Angreifer mit, um ihn dann in eine andere Richtung umzulenken. Die Form des Aikido umfasst meditative Techniken, Atemtechniken, Bewegungstechniken sowie Stock- und Schwerttech-

niken. Aikido hat zum Ziel, die Einheit von Körper, Geist und Seele bewusst werden zu lassen. Es stärkt die Lebensenergie und fördert die innere Standfestigkeit dadurch, dass wir aus der eigenen, ruhenden Mitte auf das Leben reagieren.

Tai Chi Chuan

Tai Chi Chuan, was sinngemäß so viel heißt wie „Das höchste Letzte durch Bewegungskunst", ist ebenfalls eine waffenlose Kampfkunst, die aus fließenden, sanften, langsamen Bewegungen besteht. Es ist eine Art meditative Heilgymnastik, bei der die Lebensenergie, das „Qi", wieder frei fließen kann. Es kommt zu einer inneren Balance. Wir finden die eigene Mitte und unser inneres Wesen. Zu den weiteren positiven gesundheitlichen Effekten zählen die Stärkung des Immunsystems, die Senkung von zu hohem Blutdruck, die Steigerung der Koordinationsfähigkeit und der Abbau von Stress.

YOGA

Yoga bringt mit seinen meditativen Bewegungsübungen Körper und Geist in Einklang. Es gibt viele verschiedene Yoga-Arten, von denen „Hatha-Yoga" die wohl bekannteste ist. Dabei werden Entspannungslagen, Sitzhaltungen sowie Körperstellungen, aber auch Atem- und Konzentrationsübungen praktiziert. Gelenke und Wirbelsäule werden gedehnt und der Blutdruck reguliert. Yoga beeinflusst den Körper, den Geist und die Seele und führt in die eigene Tiefe.

> Zu unserer Natur gehört die Bewegung.
> Die vollkommene Ruhe ist der Tod. **Blaise Pascal**

Tipps für Sportmuffel

- Setzen Sie sich ein positiv formuliertes Ziel, wie z. B.: Ich will beweglicher werden, ausgeglichener sein, meine innere Balance finden, Stress abbauen, meine Gesundheit stärken.
- Wählen Sie einen bestimmten Tag für eine ausgleichende Sportart. Wenn Sie dann z. B. fünfmal hintereinander mittwochs Yoga gemacht haben, speichert sich das in Ihrem Gedächtnis ab als „Mittwoch = Yogatag". So werden Sie mögliche andere Verabredungen sofort um diesen Termin herum gruppieren.
- Beginnen Sie morgens direkt mit einer Runde Joggen oder Nordic Walking. Aufstehen, über die Sportschuhe stolpern, und los geht es, ohne lange nachzudenken. Damit überlisten Sie Ihr Bewusstsein, das sicher

viele „Gründe" fände, warum gerade heute nicht gejoggt werden kann.

- Lächeln Sie, wenn Sie Sport machen! So verbinden Sie irgendwann unbewusst und spontan Sport mit Angenehmem und Schönem. Ein Lächeln, das Wohlbefinden hervorruft, ist – wie Gehirnforscher festgestellt haben –, wenn Sie nicht nur die Mundwinkel nach oben ziehen, sondern außerdem die Augenwinkel zu Lachfältchen zusammenziehen!
- Erinnern Sie sich vor dem Sport daran, wie gut es tut, sich zu bewegen und an die Kraft, die Sie danach verspüren. Stellen Sie sich vor, wie gut danach eine Dusche tut.
- Bilden Sie ein Netzwerk aus netten Leuten, mit denen Sie Fahrrad fahren oder Schwimmen gehen. Kombinieren Sie den Sport dann mit einer Belohnung wie z. B. einem Saunagang.
- Bewegen Sie sich in Ihrer Mittagspause. Entweder machen Sie einen Spaziergang, oder Sie organisieren für Ihren Betrieb einmal in der Woche einen Fitnesscoach, der ein Training für die Firma anbietet. Kleine Veränderungen in Ihrem Alltag haben eine große Wirkung!

Lassen Sie sich auf Ihren Körper ein!

Ernährung:	
Was essen Sie besonders gern?	
Welche Programmierung liegt dem zugrunde?	
Was mag Ihr Körper gerne essen?	
Welche Nahrung unterstützt Ihren Körper mit der nötigen Energie?	

Bewegung: Für welche Ausdauersportart entscheiden Sie sich?	
Nordic Walking	
Joggen	
Schwimmen	
Aquaboxing	
____________________	
____________________	
____________________	
Für welche Bewegungssportart entscheiden Sie sich?	
Feldenkrais	
Aikido	
Tai Chi Chuan	
Yoga	
____________________	
____________________	
____________________	

Das Wichtigste auf einen Blick

- Der Zustand unseres Körpers spiegelt den Zustand unserer geistigen Verfassung wider. Und unsere geistige Verfassung spiegelt den Zustand des Körpers wider.

- Da unser Körper zahlreiche Funktionen zu erfüllen hat, braucht er genügend Energiezufuhr in Form von gesunder Nahrung wie Obst, Gemüse, Getreide und Nüsse.

- Wir haben gewisse Genussstoffe mit positiven Gefühlen und Gedanken verbunden. Hören Sie ab heute nur noch auf Ihren Körper!

- Um den Körper bewusster wahrzunehmen, ist es sinnvoll, unsere fünf Sinne zu schärfen: den visuellen (das Sehen), den auditiven (das Hören), den kinästhetischen (das Fühlen), den olfaktorischen (das Riechen), den gustatorischen (das Schmecken).

- Die Natur ist ein Biotop und Psychotop. Der Blick aufs Grüne steigert die Stimmung und senkt den Puls. Gehen Sie mindestens 30 Minuten am Tag an die frische Luft.

- Nach nur 30 Minuten Ausdauertraining bei einer gleichmäßigen Atmung werden Glückshormone wie Serotonin und Endorphine ausgeschüttet. Diese Stoffe wirken entspannend und regen die Phantasie und Kreativität an.

- Neben den klassischen Sportarten gibt es auch Sportarten, die die Einheit von Körper, Geist und Seele besonders fördern. Sie haben direkten Einfluss auf unsere psychische Gesundheit.

7 Sich einlassen auf Kreativität und Visionen

Das aktive Leben

> Jeder ist dazu berufen, etwas in der Welt zur Vollendung zu bringen.
> **Martin Buber**

Erkennen Sie Ihre Berufung!

Menschen, die ihre Berufung gefunden haben, holen das Beste aus sich heraus. Für sie besteht der Beruf nicht länger aus fremdbestimmter Arbeit, er ist vielmehr sinnhafte Erfüllung. Sie lieben, was sie tun, denn sie haben das gefunden, was ihnen wirklich Freude macht. Das heißt nicht, dass sie zu einem Workaholic werden, im Gegenteil: Sie arbeiten weniger, weil sie ihre Anlagen zum Beruf gemacht haben. Harte Arbeit führt nicht unbedingt zum Erfolg!

Michael Dell, einer der reichsten Amerikaner, gründete mit 19 Jahren seine Firma Dell Computer. Seine Idee des Direktverkaufs mit der Integrierung von Kundenwünschen brachte ihm den Erfolg. Bei einem Vortrag fragte ein Student den Milliardär, warum er immer noch arbeite. Er fragte direkt: „Warum verkaufen Sie nicht Ihre Firmenanteile, kaufen ein Boot und segeln in die Karibik?" Dell schaute ihn intensiv an und antwortete: „Segeln ist langweilig. Können Sie sich vorstellen, wie viel Spaß es macht, eine Milliarden-Firma zu managen?"

> Die meisten Leute kennen nur einen Beruf, von dem sie –
> keinen, für den sie leben. **Victor Moritz Goldschmidt**

Das Glück liegt im Tun

Haben wir einmal unsere Stärken erkannt, können wir das Beste aus diesen Anlagen machen, die in uns stecken. Allerdings: Erst im Tun, im Tätigsein werden Kräfte freigesetzt, die uns gelassen und glücklich werden lassen. Schon Aristoteles sagte: „Glück ist die Folge einer Tätigkeit." Es entsteht also nicht von selbst oder indem wir einfach positive Gedanken vor uns hin summen. In einem Interview[1] sagte der Philosoph Peter Sloterdijk dazu: „Im Übrigen sollte man den Menschen im Allgemeinen nicht so sehr als den Homo psychologicus betrachten, sondern als den Homo habitualis – als ein Wesen, das durch Übungen geformt wird. Das Elend der zeitgenössischen Psychologie kommt daher, dass wir zu viel von Gefühlen reden und zu wenig von Trainings."

Kreativität

Im Tun dessen, wozu wir berufen sind, liegt unser Glück und unsere Zufriedenheit. Mit Tun ist das Schaffen von etwas gemeint, Kreativität im besten Sinne, nicht das bloße Sichmühen und Sichplagen. Jemand kann auch gedanklich erschaffen. Kreative Personen zeichnen sich dadurch aus, dass sie ihre Aktivitäten stark bündeln und viele Anläufe unternehmen, bis sie ihr Ziel erreicht haben. Sie sind somit ausreichend flexibel, immer wieder neu zu beginnen. „Kreative entscheiden sich für die Kreativität, gegen die Gewohnheit", schreibt Karl-Heinz Brodbeck in seinem Buch „Entscheidung zur Kreativität"[2].

Die berufliche Geschichte

Welche Spiele haben Sie als Kind gerne gespielt?
Gibt es einen Bezug zu heute?
Welche Schulfächer haben Ihnen Spaß gemacht?
Gab es in der Schule AGs, die Sie freiwillig besucht haben?
Was haben Menschen in Ihrer Umgebung gesagt, was Sie einmal werden?
Welchen Berufswunsch hatten Sie als Kind?
Welche Berufe gab es in Ihrer Familie?

Flow

Was lässt unser Leben eigentlich lebenswert erscheinen? Diese Frage hat sich der Psychologe Mihaly Csikszentmihalyi in seinem Buch „Flow: Das Geheimnis des Glücks"[3] gestellt. Er kommt zu dem Schluss, dass wir im Flow, d. h. in einem Zustand absoluter Konzentration, dem Glück am nächsten sind. Im Flow sind wir ganz in eine Tätigkeit versunken, uns stören keine unwichtigen Gedanken, nichts lenkt uns ab. Die Motivation liegt dabei in der Sache selbst, die Sache an sich befriedigt uns voll und ganz. Es besteht eine Harmonie zwischen Emotion und Verstand, und wir fühlen uns eins mit der Welt, wenn wir das machen, was uns erfüllt und begeistert.

Setzen Sie sich ruhig hin, und entspannen Sie sich, indem Sie dreimal tief ein- und ausatmen. Lassen Sie die Antworten auf die folgenden Fragen aus Ihrem Herzen kommen, ohne viel nachzudenken. Vertrauen Sie sich!

Was ist Ihnen das Wichtigste im Leben?

Wohin zieht Sie Ihr Herz?

Was begeistert Sie?

Was macht Sie glücklich?

Wann fühlen Sie sich am lebendigsten?

In welchem Augenblick sind Sie vollkommen zufrieden?

Wann vergessen Sie Zeit und Raum?

Wofür tragen Sie gerne Verantwortung?

Stellen Sie sich vor, Ihr jetziger Beruf würde abgeschafft, und Sie müssten sich neu orientieren. Welchen Beruf würden Sie dann ergreifen? Finden Sie drei alternative Berufe.

Was würde Sie an diesen Berufen reizen?
Was ist das Gemeinsame an diesen drei alternativen Berufen?
Wie könnten Sie die neue Tätigkeit in Ihr jetziges Leben integrieren?

Beginnen Sie mit einem Ehrenamt

Wenn Sie sich nicht sicher sind, ob der Beruf, den Sie gerne ausüben möchten, auch in der Praxis der richtige ist, absolvieren Sie entweder ein Praktikum, oder übernehmen Sie ein Ehrenamt. Viele Menschen finden ihren Sinn und ihre Erfüllung in einem Bereich, in dem sie kein Geld verdienen. Ein Ehrenamt zu übernehmen, kann ein sinnstiftendes Erlebnis für Sie sein und Ihr Leben langsam in eine ganz andere Richtung lenken. Beginnen Sie einfach mit etwas Neuem, das ist alles. Eine Veränderung im Leben, und ist sie noch so klein, bringt vieles in Bewegung.

> Der Berufene häuft keinen Besitz auf. Je mehr er für andere tut, desto mehr besitzt er.
> **Laotse**

Tätigkeiten in Vereinen

Treten Sie in Kontakt mit einem Verein, der sich mit dem beschäftigt, was Sie begeistert. Oder gründen Sie selbst einen Buchclub, wenn Sie sich etwa für Literatur interessieren. Laden Sie interessante Schriftsteller ein, die regelmäßig Lesungen halten. Das sind Dinge, die Sie sofort und ohne großen Aufwand tun können.

Sich einlassen auf den Lebenstraum

Sehnsucht nach Erfüllung

Jeder hat seinen Lebenstraum, seine Vision[4]. Eine Vision kann künstlerisch, kreativ, religiös oder humanitär sein. Sie zu kennen, weckt Begeisterung, Sehnsucht und Entschlossenheit. Jedoch haben viele Menschen Angst, diesen Traum zu realisieren und finden zahlreiche Gründe, warum er nicht zu verwirklichen ist. Gelassenheit im Leben stellt sich allerdings nur dann ein, wenn wir dieser Vision ihren berechtigten Platz einräumen. Dann können wir ihr fast unbewusst folgen, als ob uns eine höhere Kraft anzöge. Eine tragfähige Vision erkennen wir daran, dass wir zu strahlen beginnen, wenn wir von ihr erzählen.

> Alles in der Welt ist merkwürdig und wunderbar für ein paar wohlgeöffnete Augen.
> **José Ortega y Gasset**

Entdecken Sie Ihren Lebenstraum

1. Ihre Stärken

Um Ihren Lebenstraum zu entdecken, ist es wichtig, Ihre Stärken zu erkennen. Lassen Sie sich genügend Zeit dafür. Fragen Sie Ihre Freunde oder die Familie, was sie an Ihnen schätzen. Manchmal halten wir unsere Stärken für so selbstverständlich, dass sie uns gar nicht erwähnenswert erscheinen. Aber genau um diese Talente geht es!

- [ ] Teamfähig
- [ ] Ehrlich
- [ ] Mutig
- [ ] Strukturiert
- [ ] Ordentlich
- [ ] Durchsetzungsfähig
- [ ] Optimistisch
- [ ] Selbstsicher
- [ ] Tolerant
- [ ] Kreativ
- [ ] Lösungsorientiert
- [ ] Kommunikativ

2. Dinge, die Sie gerne tun

Achten Sie in den nächsten Tagen immer wieder auf Dinge, die Sie gerne tun und die Ihnen leicht von der Hand gehen. Finden Sie zehn Dinge, die Ihnen richtig Spaß machen, Dinge, für die Sie alles andere liegen lassen.

Beispiele für Dinge, die Ihnen Spaß machen könnten:

- [ ] Sport
- [ ] Natur
- [ ] Umgang mit Kindern oder älteren Menschen
- [ ] Kommunikation
- [ ] Kunst
- [ ] Musik
- [ ] Handwerk
- [ ] Kochen
- [ ] Reisen

3. **Bilden Sie nun die Schnittmenge aus Ihren Stärken und den Dingen, die Sie gerne tun. Stellen Sie dies auf Papier grafisch dar, und hängen Sie es gut sichtbar in Ihrer Wohnung auf! Aus dieser Visualisierung kann Ihre Vision entstehen.**

Visionen verwirklichen

Wer seine Fähigkeiten immer vor Augen hat und sie mit den eigenen Werten, Zielen und Wünschen in Einklang zu bringen weiß, wird auch erfolgreich sein. Haben Sie Ihre Vision allerdings zu groß gewählt, werden Sie schnell enttäuscht, wenn Sie sie nicht erreichen. Bedenken Sie, dass es bei einer Visionsfindung nicht darum geht, in einem Jahr Millionär zu werden, sondern darum, Ihrem Leben Sinn und Erfüllung zu geben.

Walt-Disney-Strategie

Eine Kreativitätsstrategie[5] wurde im NLP nach dem amerikanischen Filmproduzenten Walt Disney benannt, der als großer Idealist und Träumer galt. Das Modell besteht aus drei Positionen, die, wenn man sie nacheinander einnimmt, jedem dabei helfen können, seine Träume zu verwirklichen. Die erste Position ist die des Träumers. Dieser entwickelt gute Ideen, ohne darüber nachzudenken, wie sie umzusetzen sind. Er verkörpert den kreativen Teil in uns. Die zweite Position ist die des Realisten. Dieser betrachtet die Ideen auf realistische Weise. Es ist der Teil in uns, der ruhig überlegt, was an Zeit, Geld und Wissen nötig ist, um den Traum zu erreichen. Der Kritiker nun, die dritte Position, ist der Teil in uns, der die Schwächen unseres Plans durchschaut, nach möglichen Problemen sucht und sie mit einbezieht. Wenn Sie in Zukunft bei all Ihren Zielen diese drei Positionen einnehmen und sie miteinander vereinen, können Sie kreativ sein, ohne enttäuscht zu werden.

Wenn nicht jetzt, wann dann?

Allzu oft bleiben wir in der Position des Kritikers stecken, wenn wir unsere Vision gefunden haben. Wir finden viele Gründe, warum der Traum nicht zu erreichen ist. Wir wohnen nicht am richtigen Ort, haben nicht die nötigen Beziehungen und verfügen nicht über ausreichend Erfahrung. Das sind zwar alles Dinge, die bedacht werden wollen, sie dürfen uns aber nicht davon abhalten, den ersten Schritt in Richtung Vision zu machen.

Was hält Sie davon ab, Ihre Vision zu verwirklichen? Schreiben Sie es auf. Nehmen Sie diese Notizen in einer Woche noch einmal zur Hand, und stellen Sie sich vor, Sie würden von einem Freund stammen, der Sie um Rat fragt. Was würden Sie ihm raten?

Träume werden wahr

Erkenntnisse aus der Hirnforschung belegen, dass unsere Realität durch unsere Gedanken und Gefühle bestimmt wird. Unsere Handlungen führen zu den Ergebnissen, die wir vorher gedacht oder empfunden haben. Wer sich also seinen Traum oft genug gedanklich vergegenwärtigt oder sich gefühlsmäßig in die Lage versetzt, als sei sein Traum bereits erfüllt, der kann Träume wahr werden lassen.

Visualisieren Sie!

Teilen Sie den Weg in Richtung Ihrer Vision in kleinere Etappenziele ein. Visualisieren Sie diese Ziele, und genießen Sie die Vorstellung, Sie hätten sie bereits erreicht: Was genau tun Sie? Wer ist bei Ihnen? Lassen Sie dieses Bild jeden Morgen, bevor Sie aufstehen, wieder aufleben. Diese Visualisierung wird Erlebnisse anziehen, die den realen Zielen sehr nahekommen. Bald können Sie nicht mehr anders, als Ihre Umgebung im Hinblick auf Ihre Ziele abzutasten und Ihr Handeln nach ihnen auszurichten. Sie werden exakt die Entscheidungen treffen und genau die Menschen kennenlernen, die Sie zur Verwirklichung Ihrer Ziele brauchen. Vertrauen Sie!

Lassen Sie Energie in Ihre Stärken fließen

Tun Sie vermehrt Dinge, die Ihnen Freude machen. Nutzen Sie Ihre Stärken. Lassen Sie alle Energie in das fließen, was Sie gut können. Das heißt nicht, dass Sie nun keine Schwächen mehr haben dürfen. Sich seiner Schwächen bewusst zu sein und sie anzunehmen, gehört zur Stärke dazu.

Bleiben Sie entspannt

Versuchen Sie nicht, verkrampft auf Ihre Vision hinzuarbeiten. Lassen Sie ihr die Möglichkeit zur Entwicklung. Reden Sie in einer lockeren Atmosphäre mit Ihren Freunden und Kollegen über sie. Wenn wir entspannt sind und uns wohlfühlen, kommen uns die besten Ideen. Haben Sie ab jetzt immer Zettel und Stift parat, um jede noch so kleine Eingebung zu notieren.

Mit Niederlagen umgehen

Wenn wir etwas Neues wagen, können wir Niederlagen nicht ausweichen. Betrachten Sie jede Niederlage auf Ihrem Weg als Lernaufgabe. Erfolg hat derjenige, der nach einer Niederlage wieder aufsteht und weitergeht. Machen Sie ruhig Fehler, denn die bringen Sie ebenso ans Ziel.

> Aus Niederlagen lernt man leicht. Schwieriger ist es, aus Siegen zu lernen.
> **Gustav Stresemann**

Checkliste

Lassen Sie sich ein auf Kreativität und Visionen!

Ihre Berufung:	
Was begeistert Sie im Leben? Wohin zieht Sie Ihr Herz? Wann vergessen Sie alles um sich herum?	
Ihre Berufswünsche als Kind: Berufe Ihrer Eltern:	
Folgendes Ehrenamt möchten Sie ausüben oder folgendem Verein möchten Sie beitreten:	
Ihre Vision:	
Ihre drei wichtigsten Stärken:	
Die drei Dinge, die Ihnen am meisten Spaß machen:	

Meine Vision ist es, mit ...., ... und ....
(Tragen Sie hier Ihre drei Stärken ein)
im ...., ... und .... (Tragen Sie hier die Dinge ein, die Ihnen Spaß machen) ....
(Tragen Sie hier ein, was Sie damit für sich erreichen wollen) zu erreichen.

Was sagt der Träumer zur Vision? Was sagt der Realist zur Vision? Was sagt der Kritiker zur Vision? Wann beginnen Sie? Mit was beginnen Sie? Wer kann Sie bei Ihren Zielen unterstützen?	

Das Wichtigste auf einen Blick

- Menschen, die ihre Berufung gefunden haben, holen das Beste aus sich heraus.
- Erst im Tun, im Tätigsein werden Kräfte freigesetzt, die uns gelassen und glücklich werden lassen.
- Kreative entscheiden sich für die Kreativität, gegen die Gewohnheit.
- Im Flow sind wir ganz in eine Tätigkeit versunken, uns stören keine unwichtigen Gedanken, nichts lenkt uns ab. Die Motivation liegt dabei in der Sache selbst.
- Eine Veränderung im Leben, und ist sie noch so klein, bringt vieles in Bewegung.
- Jeder hat seinen Lebenstraum, seine Vision. Eine Vision kann künstlerisch, kreativ, religiös oder humanitär sein. Sie zu kennen, weckt Begeisterung, Sehnsucht und Entschlossenheit.
- Eine tragfähige Vision erkennen wir daran, dass wir zu strahlen beginnen, wenn wir von ihr erzählen.
- Wer seine Fähigkeiten immer vor Augen hat und sie mit den eigenen Werten, Zielen und Wünschen in Einklang zu bringen weiß, wird auch erfolgreich sein.
- Teilen Sie den Weg in Richtung Ihrer Vision in kleinere Etappenziele ein. Visualisieren Sie diese Ziele, und genießen Sie die Vorstellung, Sie hätten sie bereits erreicht.
- Tun Sie vermehrt Dinge, die Ihnen Freude machen. Nutzen Sie Ihre Stärken.
  Wenn wir entspannt sind und uns wohlfühlen, kommen uns die besten Ideen.
- Betrachten Sie jede Niederlage auf Ihrem Weg als Lernaufgabe.

8 Sich einlassen auf Werte und Tugenden

Die innere Motivation

Das, was uns von innen her bewegt und antreibt, sind Werte und Tugenden. Wenn wir im Einklang mit unseren Werten leben, fühlen wir uns gelassen, sicher und zufrieden. Befinden wir uns nicht mit den Werten im Einklang, fühlen wir uns gestresst, unsicher und unzufrieden.
Tugenden wie Dankbarkeit, Liebe und Mitgefühl sind die Fundamente, auf denen wir ein gelassenes Leben aufbauen können.

Sich einlassen auf Werte

Was sind Werte?

Werte motivieren uns von innen her. Es sind Prinzipien, nach denen wir handeln. Dabei sind sie nicht gleichbleibend, sie wechseln je nach Lebenssituation. Ein Jugendlicher hat sicher andere Werte als ein Erwachsener, der gerade eine Familie gründet. Eine Managerin, deren Wert bislang der Erfolg war, wird im Hinblick auf Kinder ihre Werte dementsprechend wandeln.

Werte erkennen

Um unsere Werte zu erkennen, ist die Frage, warum wir etwas tun, wichtig. Sie lässt uns erkennen, was wir für wertvoll erachten. Für diese Werte lohnt es sich dann Position zu beziehen, und ihnen gemäß treffen wir unsere Entscheidungen. Sie treiben uns an beim Finden unserer Freunde und bei der Wahl unseres Berufes. Leben wir in wichtigen Bereichen nicht nach unseren Werten, befinden wir uns in einer Disharmonie, weil wir gegen unsere Überzeugung handeln.

Beantworten Sie die folgenden Fragen nacheinander, und notieren Sie Ihre Werte.

Was ist Ihnen wirklich wichtig?

____

Warum ist das wichtig?

____

Was scheint Ihnen erstrebenswert?

____

Was motiviert Sie, morgens aufzustehen?

____

Welchen Wert erfüllt Ihr Beruf?

____

Wann waren Sie das letzte Mal sehr wütend auf eine Person? Erinnern Sie sich bitte genau, was vorgefallen war.

____

Warum waren Sie so aufgeregt?

____

Welcher Wert war verletzt?

____

Lesen Sie folgende Werte. Auf welche Werte reagieren Sie gefühlsmäßig?

Gerechtigkeit	☐	Respekt	☐	Erfüllung	☐
Wahrhaftigkeit	☐	Anerkennung	☐	Freude	☐
Sicherheit	☐	Treue	☐		
Gesundheit	☐	Friede	☐		
Freiheit	☐	Harmonie	☐		
Liebe	☐	Erfolg	☐		

Wertehierarchie

Wir alle haben eine Vielzahl von Werten, jedoch sind uns die einen wichtiger als die anderen. Einige Werte würden wir für andere hintanstellen. Menschen, die den Wert Erfolg dem Wert Gesundheit vorziehen, sind z. B. bereit, ihre Gesundheit für den Erfolg aufs Spiel zu setzen.

Schreiben Sie Ihre drei wichtigsten Werte auf!

Welchen schätzen Sie am höchsten ein?

Welchen Wert wollen Sie auf keinen Fall missen?

Sind Ihre Werte im Beruf, Familienleben oder in der Freizeit erfüllt?

Werte und Vision

Eine Vision wäre keine Vision, wenn an sie nicht bestimmte Hoffnungen geknüpft wären. Wir wollen etwas erreichen, weil dann ein bestimmter Wert für uns erfüllt ist. Für eine erfolgreiche Realisierung der Vision ist es wichtig, uns derjenigen Werte bewusst zu werden, die diese fördern, und derjenigen, die ihr im Wege stehen. Wenn wir uns z. B. selbstständig machen wollen, aber an erster Stelle der Wert Sicherheit steht, bedeutet das ein Problem, da wir als Selbstständige finanziell zunächst unsicher leben werden. Bringen Sie Ihre Vision in Einklang mit Ihren Werten! Und stärken Sie in sich die Werte, die Ihre Vision fördern.

Wenn Sie an Ihre Vision denken, welcher Wert findet damit seine Erfüllung?
Ist es nötig, für Ihre Vision die Werte anzupassen?
Welcher Wert fördert die Realisierung Ihrer Vision am ehesten?
Was können Sie tun, um diesen Wert zu stärken?

Sich einlassen auf Tugenden

Achtsamkeit

Die Tugend der Achtsamkeit bedeutet, mit voller Aufmerksamkeit im Augenblick präsent zu sein[1]. Wir sind wach, klar und offen für das, was ist. Alle Sinne sind aktiv, und wir nehmen die Welt außen ebenso wahr wie uns selbst mit unseren Gedanken und Gefühlen. Kinder sind die wahren Lehrer der Achtsamkeit. Ein Kind geht in erster Linie Wege nicht, um irgendwo anzukommen, sondern um zu gehen. In jede Pfütze wird hineingetreten, und jeder Stein wird begutachtet. Als Erwachsener nehmen wir Pfützen und Steine nicht mehr so bewusst wahr, da wir meinen, Wichtigeres erledigen zu müssen.

Ein Mann wurde einmal gefragt, warum er trotz seiner vielen Beschäftigungen immer so glücklich sein könne.
Er sagte: „Wenn ich stehe, dann stehe ich, wenn ich gehe, dann gehe ich, wenn ich sitze, dann sitze ich, wenn ich esse, dann esse ich, wenn ich liebe, dann liebe ich ..."
Dann fielen ihm die Fragesteller ins Wort und sagten:
„Das tun wir auch, aber was machst du darüber hinaus?"
Er sagte wiederum:
„Wenn ich stehe, dann stehe ich, wenn ich gehe, dann gehe ich, wenn ich ..."
Wieder sagten die Leute:
„Aber das tun wir doch auch!"
Er aber sagte zu ihnen:
„Nein –, wenn ihr sitzt, dann steht ihr schon, wenn ihr steht, dann lauft ihr schon, wenn ihr lauft, dann seid ihr schon am Ziel."

Dankbarkeit

Dankbarkeit ist so einfach, und doch ein Wert mit großer Wirkung. Wenn Sie von jetzt an jeden Morgen nach dem Aufwachen an alles denken, für das Sie dankbar sein können, wird sich Ihr Leben auf wundervolle Weise verändern. Sie befinden sich direkt in einem anderen Gefühlszustand, als wenn Sie morgens über Dinge nachdenken, die nicht gut laufen. Danken Sie für Ihre Wohnung, Ihre Freunde, Ihre Gesundheit, Ihren Beruf. Aber danken Sie nicht nur dafür, sondern ab jetzt für jede Erfahrung, die Sie machen. Denn oft erweisen sich „negative" Erfahrungen im Nachhinein als „positiv".

Vergebung

Wer innerlich voller Groll ist, kann nicht gelassen sein, im Gegenteil: Er ist innerlich vergiftet. Er behindert sein Glück, indem er sich mit Dingen befasst, die meistens ohnehin nicht zu ändern sind. Nach einer angemessenen Phase der Wut und Ablehnung gegenüber jemand, der Sie geärgert hat, lassen Sie diese Person in Frieden. Entlassen Sie sie aus Ihren Gedanken, indem Sie ehrlich zu sich selbst sind und erkennen, dass auch Sie Anteil an der Situation hatten, und sich überlegen, ob Sie in der gleichen Situation nicht genauso gehandelt hätten. Sollte das nicht helfen, denken Sie daran: Wer in Groll ist, zieht noch mehr Groll an.

> Wir vergeben fast immer, wenn wir verstehen.
>
> **Michail Lermontow**

Mitgefühl

Anderen in schwierigen Situationen zur Seite zu stehen, erfordert Mitgefühl: die Fähigkeit, sich selbst zurückzunehmen und sich auf den anderen Menschen einzulassen. Das bedeutet nicht, ihm Ratschläge zu erteilen, sondern sich in ihn einzufühlen, ihm zuzuhören und ihn zu akzeptieren, wie er ist. Wenn wir den anderen in seiner Situation ernst nehmen und ihm dann signalisieren, dass er die Lösung für seine Schwierigkeiten in sich trägt, findet er am besten den Weg heraus. Sollte er sich hilflos im Leid verstricken, weisen Sie ihn behutsam darauf hin, was er selbst tun kann, damit es ihm wieder besser geht, oder erzählen Sie davon, als Sie selbst in einer ähnlichen Situation waren.

Vertrauen

Vertrauen zu haben in das, was geschieht, bedeutet, die Hoffnung zu haben, dass das, was wir uns wünschen, Erfüllung findet. Wir wenden uns dem zu, was in uns ist, obwohl es noch keine äußere Gestalt angenommen hat. Vertrauen lässt das Gefühl der Angst vergehen. Es ist die Tugend, die der Gelassenheit den Boden bereitet. Wir tun das, was in unserer Kraft liegt, und überlassen das Weitere einer höheren Kraft, der wir uns anvertrauen. Wir haben das Vertrauen, dass letztlich alles richtig, gut und sinnvoll für uns ist. Vertrauen in uns selbst hat die positive Folge, dass wir uns nicht für andere verbiegen. Es bringt jene Treue zu uns selbst hervor, die sich darin manifestiert, in der Welt zu wirken, sodass sie zu einem besseren Ort wird.

Geduld

„Geduld ist die Tugend des Glücklichen", sagt Spinoza. Wer geduldig abwarten kann, ohne sofort handeln zu wollen, ist anderen einen Schritt voraus. Dass Geduld eine Herausforderung darstellt, die eingeübt sein will, weiß man, wenn man in einer langen Warteschlange steht, und bereits der nächste Termin drängt. Nehmen wir uns und unsere Termine nicht zu wichtig, und fragen wir uns, was schlimmstenfalls passieren könnte, sollten wir tatsächlich zu spät kommen. Oder denken wir einmal kurz an unsere Stellung im Universum. Das wird es uns leichter machen, uns nicht so wichtig zu nehmen und angemessen, d. h. gelassen zu reagieren.

Wahrhaftigkeit

Ein Mensch, der das lebt, was er denkt und sagt, ist wahrhaftig. Er ist mit sich und der Welt im Einklang. Was uns am meisten von der Wahrhaftigkeit abhält, ist, dass wir perfekt erscheinen wollen. Wir stellen uns anders dar, als wir sind, tragen Masken und – leiden an dieser Lüge. Passend formuliert der Philosoph Friedrich Nietzsche dazu: „Anstatt zu wünschen, dass andere uns so kennen, wie wir sind, wünschen wir, dass sie so gut als möglich von uns denken; wir begehren also, dass die anderen sich über uns täuschen: Das heißt, wir sind nicht stolz auf unsere Einzigkeit."[2]

Wir stimmen nicht mit dem Idealbild, das wir von uns machen, überein. Wir haben Schwächen und die anderen auch. Wenn wir uns gegenüber ehrlicher wären, könnten wir uns selbst mehr lieben. Auch unseren Mitmenschen fiele es leichter, sich ehrlich zu verhalten. Und nur so kann eine echte Verbindung zu uns selbst und zu den anderen entstehen.

> Wahrhaftig zu sein ist menschliche Tugend und scheidet ewig den edleren Geist von der gemeinen Natur. **Emanuel Geibel**

Freude

Dem Leben von seiner heiteren Seite zu begegnen, ist eine weitere Grundvoraussetzung für Gelassenheit. Mit Humor wiegt alles nicht so schwer. Wer über sich selbst, seine Schwächen und Misserfolge lachen kann, ist ausgeglichen. Unsere Gefühle verändern sich sofort, wenn wir lachen: Das Herz öffnet sich und kann immer wieder von Neuem die positiven Seiten des Lebens sehen. Ganz wie Cesare Pavese es formuliert: „Die einzige Freude auf der Welt ist das Anfangen. Es ist schön zu leben, weil leben anfangen ist, immer, in jedem Augenblick."

Liebe

Nichts macht uns freier, glücklicher und stärker als die Liebe. Sie ist eine Kraft, die alles Gute in uns aktiviert. Sie ist jene Kraft, die Angst und Sorgen vertreibt. Erinnern Sie sich daran, wann Sie das letzte Mal von Herzen geliebt haben. Wie haben Sie sich da gefühlt? Dieses Gefühl ist in uns, ohne dass es eines äußeren Anlasses bedürfte. Die Liebe ist stets da, wir brauchen ihr nur Raum in uns zu geben. Manchmal reicht es schon, wenn wir nur das Wort Liebe aussprechen. Da ihm die höchste Schwingungsebene eigen ist, zieht allein das Wort immer noch mehr Liebe an.[3]

Checkliste

Lassen Sie sich ein auf Werte und Tugenden!

Ihre Werte:	
Werte, die Ihnen wichtig erscheinen:	
Gerechtigkeit	
Wahrhaftigkeit	
Sicherheit	
Gesundheit	
Freiheit	
Liebe	
Respekt	
Anerkennung	
Treue	
Friede	
Harmonie	
Erfolg	
Erfüllung	
Freude	
Ihre drei wichtigsten Werte:	
Ihre Tugenden:	
Welche Tugenden sind Ihnen wichtig?	
Achtsamkeit	
Dankbarkeit	
Vergebung	
Mitgefühl	
Vertrauen	
Geduld	
Wahrhaftigkeit	
Freude	
Liebe	

Das Wichtigste auf einen Blick

- Wenn unsere Werte erfüllt sind, fühlen wir uns gelassen, sicher und zufrieden.
- Werte motivieren uns von innen her. Es sind Prinzipien, nach denen wir handeln.
- Achtsamkeit bedeutet, mit voller Aufmerksamkeit im Augenblick präsent zu sein. Wir sind wach, klar und offen für das, was ist.
- Dankbarkeit kann Ihr Leben auf einfache und wundervolle Weise verändern.
- Wer innerlich voller Groll ist, kann nicht gelassen sein, ganz im Gegenteil: Er ist innerlich vergiftet. Vergebung ist der Schritt zu mehr Gelassenheit.
- Mitgefühl ist die Bereitschaft, sich selbst für einen anderen Menschen zurückzunehmen und sich auf ihn einzulassen.
- Vertrauen lässt das Gefühl der Angst vergehen. Es ist die Tugend, die der Gelassenheit den Boden bereitet.
- Wer geduldig abwarten kann, ohne sofort handeln zu müssen, ist gelassen.
- Ein Mensch, der das lebt, was er denkt und sagt, ist wahrhaftig. Er ist mit sich und der Welt im Einklang.
- Das Leben von seiner heiteren Seite aus zu betrachten, ist die Grundvoraussetzung für Gelassenheit.
- Nichts macht uns freier, glücklicher und kraftvoller als die Liebe. Sie ist eine Kraft, die alles Gute in uns aktiviert. Sie ist jene Kraft, die Angst und Sorgen vertreibt.

9 Sich einlassen auf die eigene Identität

Werde, der du bist!

Unser Wesenskern

In uns gibt es einen Ort, zu dem kein anderer Mensch Zugang hat. Das ist unser Wesenskern, der immer gleichbleibend für uns da ist. Dieser Ort ist wie ein See: still, rein und klar. Er bleibt sich gleich, obwohl wir im Außen immer neue Erfahrungen machen und uns mit anderen auseinandersetzen. Hier finden sich Friede und Mitgefühl. Diesem Wesenskern verbunden zu sein bei allem, was wir tun, und gerade auch bei Konflikten, kann uns stets eine tiefere Verankerung in unserem Selbstwert geben.
Erich Fromm führt dazu in „Die Kunst des Liebens"[1] aus: „Die Nächstenliebe gründet sich auf die Erfahrung, dass wir alle eins sind. Die Unterschiede von Begabung, Intelligenz und Wissen sind nebensächlich im Vergleich zur Identität des menschlichen Kerns, der uns allen gemeinsam ist. Um diese Identität zu erleben, muss man von der Oberfläche zum Kern vordringen. Wenn ich bei einem Menschen nur das Äußere sehe, dann nehme ich nur die Unterschiede wahr, das, was uns trennt; dringe ich aber bis zum Kern vor, so nehme ich unsere Identität wahr, ich merke dann, dass wir Brüder sind."

> Und darum ist es so wichtig, einsam und aufmerksam zu sein, wenn man traurig ist: weil der scheinbar ereignislose und starre Augenblick, da unsere Zukunft uns betritt, dem Leben so viel näher steht als jener andere laute und zufällige Zeitpunkt, da sie uns, wie von außen her, geschieht. Je stiller, geduldiger und offener wir als Traurige sind, umso tiefer und umso unbeirrter geht das Neue in uns ein, umso besser erwerben wir es, umso mehr wird es unser Schicksal sein, und wir werden uns ihm, wenn es eines späteren Tages „geschieht", im Innersten verwandt und nahe fühlen.
>
> **Rainer Maria Rilke**

Lebenskrisen

Gerade in Krisen werden wir dazu gezwungen, uns auf uns selbst zu besinnen. Wir fühlen uns hilflos, verlassen und allein. Die Chance einer solchen

Krise liegt darin innezuhalten, zu reflektieren, was zur Krise geführt hat und was unser Anteil daran war. Lassen wir alle Schuldzuweisungen an andere und über Gut und Schlecht los, können wir den tieferen Sinn dahinter erkennen. Häufig wirft uns eine Krise auf uns selbst zurück, und das Leben kann sich wieder neu ordnen.

Wer bin ich?

Nach der erfolgreichen Überwindung einer Krise wird man wieder zuversichtlicher, stärker und vor allem selbstzentrierter. Man ordnet die eigene Identität wieder neu, indem man sich fragt: Wer bin ich jetzt nach der Krise? Was hat die Krise aus mir gemacht? Was ist mir dadurch möglich geworden? – Wir werden meistens gelassener, wenn wir etwas überwunden haben, da uns neue Krisen nicht mehr so viel anhaben können. Wir wissen besser, was wir vom Leben wollen und vor allem nicht mehr wollen. Wir gewinnen mehr Vertrauen in unsere eigene Stärke. Jede Krise ist, so gesehen, ein Ankommen bei sich selbst, gerade weil außen nichts mehr stimmig ist.

Eigene Schwächen integrieren

Jeder Mensch trägt Charakterzüge, die ihn stören. Diese nun als Schwächen zu kennzeichnen führt dazu, dass wir uns minderwertig fühlen. Schlimmer noch ist es, wenn wir versuchen, diese „Störenfriede" loszuwerden. Denn so lehnen wir unsere Einzigartigkeit ab, das, was uns ausmacht. – Sie erinnern sich: Widerstand ist Verbindung! Und deshalb kann sich eine uns störende Verhaltensweise nur durch Annahme auflösen.

Betrachten Sie das störende Verhalten in einem anderen Kontext, oder geben Sie ihm eine andere Bedeutung. In welchem Kontext kann dieses Verhalten nützlich und sinnvoll sein?

Verbunden mit den anderen

Wenn wir dann erkennen, dass auch der Mitmensch uns selbst immer ein Stückchen mehr erkennen lässt, sind wir dankbar für jeden Kontakt mit anderen. Begegnen wir also jemand, seien wir uns bewusst, dass er oder sie das widerspiegeln, was wir selbst in uns tragen. Auf diese Weise entdecken wir eine tiefe Verbundenheit mit den Mitmenschen. Und dadurch wird wiederum eine tiefere Verbundenheit mit uns selbst möglich sein.

Selbstwert

In erster Linie beziehen wir ein gutes Selbstwertgefühl aus unserer Kindheit. Die Botschaften der Eltern und anderer Autoritätspersonen führen dazu, sich entweder wertvoll oder minderwertig zu fühlen. Wenn wir erwachsen werden, beziehen wir diese Wertigkeit aus Aufgaben, die wir bewältigt haben. Als besonders wertvoll sehen wir uns, wenn wir etwas bewirken können, was für die Welt von Vorteil ist. Auch führt die Zugehörigkeit zu einem Familiensystem oder anderen Netzwerken dazu, sich geborgen und sicher eingebunden zu fühlen. Ein wirklich tragfähiges Selbstwertgefühl entwickelt sich allerdings erst dann, wenn wir immer wieder Neues wagen und somit lebendig bleiben, wenn wir uns selbst und anderen Chancen auf Entwicklung geben.

Hast du dich selbst lieb, so hast du alle Menschen lieb wie dich selbst. Solange du einen einzigen Menschen weniger lieb hast als dich selbst, so hast du dich selbst nie wahrhaft lieb gewonnen, – wenn du nicht alle Menschen so lieb hast wie dich selbst (...). **Meister Eckart**

Selbstliebe

Die Liebe zu uns selbst fügt unsere Einzelteile zu einem Ganzen zusammen. Wenn wir uns selbst lieben, sind wir jene Einheit, die Harmonie und Gelassenheit hervorgehen lässt. René Egli schreibt dazu in seinem Buch „Das Lola-Prinzip“[2]: „Wer sich selbst liebt, ist in Harmonie mit sich selbst, und er wird deshalb keine Konflikte nach außen tragen.“ Derjenige, der sich selbst liebt, steht mit sich und seiner Umwelt in Harmonie und trägt damit zur allgemeinen Gelassenheit bei.

Sich einlassen auf die Stille

Der Prophet Elias kam nach einer langen Wanderung an den Berg Horeb, da dort der Herr vorübergehen sollte. „Und ein großer, starker Wind, der die Berge zerriss und die Felsen zerbrach, kam vor den Herrn her; der Herr aber war nicht im Winde. Nach dem Wind aber kam ein Erdbeben; aber der Herr war nicht im Erdbeben. Und nach dem Erdbeben kam ein Feuer; aber der Herr war nicht im Feuer. Und nach dem Feuer kam ein stilles, sanftes Sausen. ... Und siehe, da kam eine Stimme zu ihm.“ (1 Könige 19,11-12).

Wer sind wir in der Stille?

Es gibt die Welt der Vernunft, in der wir nach den Befehlen unseres Egos handeln. Wir wollen etwas und sind enttäuscht, verletzt und ängstlich, wenn wir es nicht bekommen. Das Ego lebt zudem davon, sich mit anderen zu vergleichen: Ich strebe danach, reicher, schöner und gebildeter als die anderen zu sein.
Es gibt aber auch eine andere Welt, die Welt der Stille, wo alles eins ist, wo es keine Begrenzungen gibt. In dieser Welt geht es nicht um Rechthaberei und Urteilen, sondern um Liebe und Vertrauen. Hier liegen die Lösungen unserer Probleme verborgen, ganz wie Einstein sagt: „Ein Problem kann nicht durch dasselbe Bewusstsein gelöst werden, durch das es verursacht wurde." Zu diesem anderen Bewusstsein gelangen wir nur in stillen, achtsamen Momenten, wenn wir ganz bei uns selbst sind.

In die Stille gehen

Wenn wir beginnen, in die Stille zu gehen, in Gelassenheit ganz bei uns zu sein, kann sich alles verändern. Gefühle wie Wut, Trauer und Angst verwandeln sich in Freude, Liebe und Vertrauen. Am Anfang sind es nur kleine Momente stiller Freude und Präsenz, manchmal nur Sekunden, in denen wir spüren, dass wir eins sind mit allem, was ist. Doch diese kleinen Momente haben eine große Wirkung, wir erinnern uns an sie im täglichen Trubel, weil sie sehr intensiv sind. Wir erinnern uns, dass es etwas in uns gibt, das über uns hinausgeht. Von diesem Größeren werden wir getragen und können getrost loslassen. Wir werden gehalten, wenn wir loslassen, das ist die erfreuliche Nachricht.

Meditation

Ein wichtiger Schritt auf dem Gang in die Stille ist die Meditation. Sie bedeutet, sich auf etwas zu konzentrieren. Wir blicken aufmerksam auf uns selbst, auf unseren Atem, unsere Gedanken und Gefühle. Wir nehmen alles als ein Fließen und ein Ineinanderübergehen wahr. In der Meditation begegnen wir uns selbst und kümmern uns um uns selbst.

Die Kraft der Meditation

1993 wurde in Washington, D.C., der Stadt mit der höchsten Kriminalitätsrate in den Vereinigten Staaten, ein Experiment durchgeführt. In den Monaten Juni und Juli des Jahres meditierten dort rund 4000 Menschen gemeinsam. In diesen zwei Monaten ging die Gewaltkriminalität (Raub, Überfall, Mord) in der Stadt um 25 Prozent zurück. Ähnliche Ergebnisse wurden bereits in den 1980er-Jahren in Israel, Manila und in Neu-Delhi erzielt.

Die Atmung

Die Bedeutung des richtigen Atmens ist enorm. Menschen, die einen ruhigen, ausgewogenen Atemrhythmus haben, lassen sich durch äußere Einflüsse nicht so leicht irritieren. Sie sind ruhig und gelassen. Bei Menschen, die verärgert und gestresst sind, beschleunigen sich Atem und Puls. Sie atmen schnell und flach. Diese Menschen sind durch Dinge, die von außen auf sie einwirken, schneller aus der Bahn zu werfen.
Wenn wir nun langsamer atmen, verlangsamt sich auch der Puls, und wir entspannen. Hilfreich in diesem Zusammenhang ist die Bauchatmung: Beim Einatmen wölbt sich der Bauch nach außen. Beim Ausatmen zieht sich der Bauch zusammen, und die Luft wird durch die Nase wieder herausgedrückt. Am Ende des Einatmens und Ausatmens halten wir einen kleinen Moment die Luft an, also einatmen und stoppen und ausatmen und stoppen. Es reicht, wenn wir drei Minuten lang bewusst atmen. Diese Atmung können wir beliebig oft am Tag wiederholen. Um gelassener und ruhiger zu werden, atmen wir wie folgt: Wir halten mit einem Zeigefinger unser linkes Nasenloch zu und atmen durchs rechte ein. Dann halten wir das rechte Nasenloch zu und atmen durch das linke wieder aus. Diese Atmung wiederholen wir aber nur zweimal am Tag, weil wir sonst hyperventilieren können!

Atemübungen für den Alltag

Während des Tages: Stellen Sie sich aufrecht hin, die Beine sind locker. Schwingen Sie die Arme um sich herum. Atmen Sie durch die Nase ein und durch den leicht geöffneten Mund aus. Konzentrieren Sie sich auf den Strom des Ausatmens. Öffnen Sie anschließend den Mund weit wie beim Gähnen. Das bringt neue Kraft.
Legen Sie sich bequem hin, und dehnen Sie sich etwas. Lassen Sie die Hände auf Ihrem Bauch liegen, und konzentrieren Sie sich auf Ihre Hände, und nehmen Sie wahr, wie sich der Bauch auf- und niederbewegt. Nehmen Sie wahr, wie der Atem von alleine kommt, Sie werden praktisch „geatmet". Auch so kann wieder Gelassenheit in Ihren Alltag einziehen.

Vorbereitung auf die Meditation

Sorgen Sie dafür, dass Sie in der vorgegebenen Zeit nicht gestört werden. Tragen Sie bequeme Kleidung, wo nichts zwickt oder eng am Körper anliegt. Zünden Sie Räucherstäbchen z. B. aus Sandelholz an, legen Sie eine Meditationsmusik ein. Zünden Sie eine Kerze an.

Der Meditationssitz

Für den klassischen Meditationssitz wählen Sie eine nicht zu weiche Unterlage und legen Sie sie auf den Boden. Setzen Sie sich mit gekreuzten Beinen auf ein Meditationskissen. Es ist notwendig, bei der Meditation erhöht zu sitzen, damit man das Becken etwas nach vorne kippen und die Wirbelsäule leicht gerade aufrichten kann. Dadurch ist eine optimal entspannte Haltung möglich. Die Füße können auch auf dem jeweils anderen Oberschenkel ruhen. Wer lieber auf dem Stuhl meditieren möchte, setzt sich gerade auf die Vorderkante des Stuhls und lehnt sich mit dem Rücken nicht an, weil sonst die Energie nicht frei fließen kann. Die Füße flach auf den Boden stellen. Bei beiden Positionen die Wirbelsäule gerade halten. Den Kopf so halten, dass der Blick vor Ihnen auf den Boden fällt, sodass der Nacken sanft gedehnt ist, weil auch hier die Energie leichter vom Kopf zum Körper und umgekehrt fließen kann. Ihre Zunge legen Sie an den Gaumen. Ihre Hände zeigen mit den Handflächen nach oben und ruhen auf Ihren Knien. Die Hände sind offen für alles, was Sie „von oben" empfangen.

> Meditation ist die Bereitschaft, den Willen still werden zu lassen und das Licht zu sehen, das sich erst bei still gewordenem Willen zeigt. Sie ist eine Schule der Wahrnehmung, des Kommenlassens der Wirklichkeit.
>
> **Carl Friedrich von Weizsäcker**

Meditationsformen

Schließen Sie Ihre Augen, entspannen Sie sich, und richten Sie Ihre Aufmerksamkeit nach innen, um Ihrer augenblicklichen Verfassung nachzuspüren. Seien Sie während der Meditation dem eigenen Erleben gegenüber achtsam, denn darum geht es.

Es gibt zahlreiche Formen zu meditieren. Sie können sich auf Ihren Atem konzentrieren, mitzählen von eins bis zehn und dann wieder von vorn beginnen. Sie können sich auch auf die Luft konzentrieren, die Sie ein- und ausatmen. Wenn Sie einatmen, sagen Sie sich innerlich „ein" und beim Ausatmen „aus". So werden Sie ruhiger und gelassener. Eine andere Art zu meditieren, ist es, wenn Sie sich innerlich Worte sagen wie „Stille", „Gelassenheit" oder „Klarheit". Oder Sie visualisieren eine Rose, die aufblüht, während Sie meditieren. Stellen Sie sich vor, dass die Rose ein Sinnbild für Ihr Herz ist, das sich langsam öffnet, wenn Sie den Blick nach innen richten.

Das Wichtigste auf einen Blick

- In uns gibt es einen Ort, zu dem kein anderer Mensch Zugang hat. Das ist unser Wesenskern, der immer gleichbleibend für uns da ist.

- Gerade in Krisen werden wir dazu gezwungen, uns auf uns selbst zu besinnen. Die Chance einer solchen Krise liegt darin innezuhalten, zu reflektieren, was zur Krise geführt hat und was unser Anteil daran war.

- Nach der erfolgreichen Überwindung einer Krise wird man wieder zuversichtlicher, stärker und vor allem selbstzentrierter.

- Ein tragfähiges Selbstwertgefühl entwickelt sich, wenn wir immer wieder Neues wagen und somit lebendig bleiben, wenn wir uns selbst und anderen Chancen auf Entwicklung geben.

- Die Liebe zu uns selbst fügt unsere Einzelteile zu einem Ganzen zusammen. Wenn wir uns selbst lieben, sind wir jene Einheit, die Harmonie und Gelassenheit hervorgehen lässt.

- Wenn wir beginnen, in die Stille zu gehen, in Gelassenheit ganz bei uns zu sein, kann sich alles verändern.

- Ein wichtiger Schritt auf dem Gang in die Stille ist die Meditation. Hier konzentrieren wir uns auf unseren Atem. Menschen, die einen ruhigen, ausgewogenen Atemrhythmus haben, lassen sich durch äußere Einflüsse nicht so leicht irritieren. Sie sind selbst unter herausfordernden Bedingungen ruhig und gelassen.

10 Sich einlassen auf das, was ist

Leben im Hier und Jetzt

Auf dem Weg sein

Heute heißt es überall, dass wir auf dem Weg sind, auf dem Weg zu mehr Klarheit, Natürlichkeit und Erleuchtung. Das kann so verstanden werden, dass wir irgendwann irgendwo ankommen wollen. Und wir haben die Hoffnung, bei der Ankunft das Glück zu finden – endlich! Diese Sicht kann aber zu Illusionen verführen, die uns von der Fülle des Seins im gegenwärtigen Augenblick abhalten. Wir sollten uns davor hüten, einem wie auch immer positiven Ziel hinterherzulaufen. Sonst laufen wir am Leben vorbei.
Wir geben uns mit voller Aufmerksamkeit dem jetzigen Moment hin. So erhält alles Wert und Wichtigkeit, was uns begegnet, weil wir ihm Achtsamkeit entgegenbringen. Und wir entdecken, dass wir paradoxerweise schon alles besitzen, wonach wir streben: Klarheit, Natürlichkeit und Erleuchtung.

Frei sein

Auch Gelassenheit können wir nicht wie ein Ziel anstreben. Victor Frankl sagt passend: „Wer Gelassenheit anstrebt, dem vergeht sie!" Gelassenheit entsteht wie von selbst, wenn wir aufhören, ihr hinterherzulaufen. Wenn wir uns befreien vom Willen zur Gelassenheit, sind wir gelassen. Man braucht längst nicht alles zu wissen und zu können, um Gelassenheit zu erlangen. Es geht darum, frei zu werden von Wünschen, Erwartungen und Hoffnungen. Das Leben, das wir jetzt leben, ist alles, was wir brauchen.

Veränderung wie von allein

Veränderung als Eröffnung neuer Möglichkeiten kann nur in dem Moment geschehen, in dem wir zunächst alles so annehmen, wie es ist. Der Gestalttherapeut Fritz Perls nennt dies die „Paradoxe Theorie der Veränderung". Gerade dann, wenn wir die Dinge, die nicht zu ändern sind, auch nicht mehr verändern wollen, ereignet sich Veränderung! Überraschenderweise verhält es sich so: Wenn wir nichts anderes wollen als das, was gerade geschieht, verändert sich alles.

Die Weisheit des Herzens

Wer nicht den tiefen Sinn des Lebens im Herzen sucht, der sucht vergebens.
Kein Geist, und sei er noch so reich, kommt einem edlen Herzen gleich.

Friedrich von Bodenstedt

Verschlossene Herzen

Viele Menschen geizen mit der Liebe. Sie wollen ihr Herz erst dann öffnen, wenn auch der andere es öffnet. Sie wollen erst dann Liebe geben, wenn sie sicher sein können, dass sie erwidert wird. Doch das ist keine Liebe. Und wir verschließen uns damit der Kraft, die in uns wohnt. Wir können nur lieben, wenn wir nicht heimlich auf ein Gegenzeichen hoffen. So wird uns die tägliche Praxis erkennen lassen, dass wahre Liebe die ist, die wir bereitwillig geben. Sie ist fähig, uns von innen her zu heilen. Diese Liebe bringt Lebendigkeit in unser Herz und genau diese Lebendigkeit wird viele andere Herzen anziehen.

„In der Liebe sind wir bei uns selbst, und durch die Liebe sind wir mit allem verbunden. Liebe allein löst den Widerspruch von Selbst und Selbstlosigkeit", schreibt Markus Langholf in „Der Pfad des lebendigen Geistes – Loslassen!"[1] und weiter: „Wir sind Liebe. Liebe ist unsere Identität." Wenn wir da angekommen sind, brauchen wir keine Liebe mehr im Außen zu suchen, wir haben sie in uns gefunden.

Zwei Minuten am Tag sollten Sie sich die Zeit und Ruhe nehmen, um das Herz zu spüren. Atmen Sie bewusst ein, und fühlen Sie, ob Sie sich des Herzens gewahr sind. Beim Ausatmen lächeln Sie Ihrem Herzen mit Mitgefühl zu.

Liebe gibt nichts als sich selbst und nimmt nichts als von sich selbst. Liebe besitzt nicht, noch lässt sie sich besitzen; denn die Liebe genügt der Liebe...

Khalil Gibran

Offene Herzen

Die Liebe kann nur aus einem offenen Herzen hervorgehen. Im Herzen finden wir die Verbindung zu dem uns allen einenden Seinsgrund. Wir öffnen unser Herz für die Weisheit einer uns verbindenden, universellen Kraft, horchen auf sie, sind ihr gegenüber achtsam und lassen uns vertrauensvoll von ihr lenken. Wir folgen dem, was wir tief im Herzen spüren. So werden wir berührt von dem, was ist, bzw. von dem, der ist und der in unserem Kulturkreis seit jeher mit dem Namen Gott genannt wird.

„Sinn wird nicht gemacht, er wird entdeckt. Er ist schon da. Das Universum ist verzaubert, und nach den Maßstäben der Seele gibt es nichts Neues unter der Sonne. (...) Die Strukturen der Seele sind immer dieselben. Entweder Angst oder Liebe. Entweder Illusion oder Liebe. Entweder Selbstschutz oder Liebe."

Richard Rohr: Wer loslässt, wird gehalten[2]

Gelassenheit im Tun

Nach Meister Eckart ist Gelassenheit nicht im Sinne von selbstgenügsam zu verstehen. Wir werden gelassen für Gott. Glauben und Handeln gehören zusammen, bilden eine Einheit. Ohne Handeln, d.h. die Aktivierung unserer Fähigkeiten im Tun gelangen wir nicht zu unserer wahren Natur, die Liebe ist. Unsere Verantwortung besteht darin, unseren Platz im Leben zu finden und auszufüllen. Byron Katie sagt dazu in ihrem Buch „Lieben, was ist"[3]: „Wer auch immer den Eindruck erweckt hat, Friede sei nicht aktiv, der hat nie den Frieden gekannt, wie ich ihn empfinde. Ich bin auch ohne Wut höchst motiviert. Die Wahrheit befreit uns, und Freiheit handelt."
Wenn wir für etwas eintreten, das bedeutender als wir selbst sind, ernten wir Erfüllung und Sinn. Wenn Sie wirklich erfüllt leben wollen, so finden Sie so oft als möglich heraus, wie Sie jemand eine Freude machen können. Sie lenken damit die Aufmerksamkeit von sich auf die Freude anderer und werden so innerlich reifen.

Mutter Teresa sagte einmal: „Wenn ich das erste Kind nicht von der Straße aufgehoben hätte, hätten die anderen tausend nicht folgen können!"

Das Wichtigste auf einen Blick

- Wir geben uns mit voller Aufmerksamkeit dem jetzigen Moment hin. So erhält alles Wert und Wichtigkeit, was uns begegnet, weil wir ihm Achtsamkeit entgegenbringen. Und wir entdecken, dass wir paradoxerweise schon alles besitzen, wonach wir streben: Klarheit, Natürlichkeit und Erleuchtung.

Fußnoten

- Einleitung und Kapitel 1:
  1 Im Sinne der Bedeutung des englischen Wortes serene: gelassen, das sich vom lateinischen Wort serenus ableitet.
  2 Hermann Hesse: Stufen
  3 Karen Kingston: Feng-Shui gegen das Gerümpel des Alltags, rororo, Reinbek bei Hamburg, 2000
- Kapitel 2:
  1 Friedemann Schulz von Thun: Miteinander reden 1, rororo, Reinbek bei Hamburg, 2002
  2 The Work beinhaltet 4 Fragen und die Umkehrungen. Jeder kann sich das Arbeitsblatt und die Fragen kostenlos auf ihrer Webseite www.byronkatie.com herunterladen.
- Kapitel 3:
  1 Nach dem gleichnamigen Film von Rainer Werner Fassbinder
  2 Aus: Christiane Neuen (Hg.): Gelassenheit. Vom Umgang mit Krisen und Ängsten. Patmos/Walter, Düsseldorf 2004
  3 Marshall B. Rosenberg: Gewaltfreie Kommunikation. Junfermannsche Verlagsbuchhandlung, Paderborn 2001
  4 Gary B. Lundberg und Joy Saunders Lundberg: Ich muss mich nicht für alles verantwortlich fühlen. Goldmann Verlag, München, 1999, S. 26
  5 Vgl. hierzu Byron Katie: The Work – Die 4 Fragen
  6 Stefan Klein: Die Glücksformel. Rowohlt Verlag GmbH, Reinbek bei Hamburg, 2002, S. 61. Studien: Mallick und McCandless 1966; Travis 1989
- Kapitel 4:
  1 Bertold Ulsamer: Ohne Wurzeln keine Flügel, Goldmann Verlag, München 1999, S. 11
  2 Thomas Schäfer: Was die Seele krank macht und was sie heilt. Knaur MensSana, München 2003, S. 88
  3 Khalil Gibran: Der Prophet. dtv, München, 2003
- Kapitel 5:
  1 Sabine Asgodom: Balancing – Das ideale Gleichgewicht zwischen Beruf und Privatleben. Ullstein Buchverlage GmbH, Berlin 2005, S. 18
- Kapitel 7:
  1 Aus der Zeitschrift: Emotion 03/07, G+J Emotion Verlag GmbH, München
  2 Karl-Heinz Brodbeck: Entscheidung zur Kreativität. Wissenschaftliche Buchgesellschaft, Darmstadt 1999, S. 30
  3 Mihaly Csikszentmihalyi: Flow: Das Geheimnis des Glücks, Klett-Cotta Verlag, Stuttgart 2007
  4 Siehe dazu das Buch von Sabine Treeß: Dem Ruf der Seele folgen, Sheema Verlag, Wasserburg 2011
  5 Joseph O'Connor und John Seymour: Neurolinguistisches Programmieren: Gelungene Kommunikation und persönliche Entfaltung. VAK Verlags GmbH, Kirchzarten bei Freiburg 2000, S. 293. Oder: Aljoscha A. Schwarz und Ronald P. Schweppe: Praxisbuch NLP. Südwest Verlag, München 2000, S. 69
- Kapitel 8:
  1 Siehe dazu das Hörbuch von Dietrich Wild/Shunryu Suzuki-roshi/Al Gromer Khan: Der Tigerbericht, Sheema Verlag, Wasserburg
  2 Friedrich Nietzsche: Kritische Studienausgabe, IX, 3 (59). München, Berlin, New York 1988
  3 Siehe dazu das Buch von Werner Ablass: Leide nicht – liebe. Omega Verlag, Aachen 2004
- Kapitel 9:
  1 Erich Fromm: Die Kunst des Liebens. Ullstein GmbH, Frankfurt/M, Berlin 1986, S. 58f
  2 René Egli: Das Lola-Prinzip oder Die Vollkommenheit der Welt. Editions D´olt, CH-Oetwil a.d.L. 2004, S. 178
- Kapitel 10:
  1 Markus Langholf: Der Pfad des lebendigen Geistes – Loslassen! Sheema Medien Verlag, Wasserburg 2007, S. 146. Siehe hierzu auch die Releasing Loslassarbeit, bei der man sich in Tiefenentspannung nach innen wendet und blockierte Gefühle in ihrer Entstehungsgeschichte verstehen und akzeptieren lernt.
  2 Richard Rohr: Wer loslässt, wird gehalten. Claudius Verlag München 2005, S. 115f
  3 Byron Katie: Lieben, was ist. Wilhelm Goldmann Verlag, München 2002, S. 182

Beatrix Schulte, M.A.,

geb. 1970 in Arnsberg, studierte Philosophie, Romanistik und Pädagogik an der Universität zu Köln. 5 Jahre arbeitete sie als Lektorin in einem Kölner Verlag. Währenddessen Ausbildung zur NLP-Trainerin (dvnlp) im Institut Tom Andreas, Köln, und zur Mediatorin im Friedensbildungswerk, Köln. Als selbstständige Persönlichkeitstrainerin und Redakteurin zog sie 2004 ins heimatliche Sauerland zurück und legte 2006 in Dortmund die Prüfung zur Heilpraktikerin für Psychotherapie (hpg) ab. Seit 2008 Ausbildung zum Releasing-Coach bei Markus und Angela Langholf, Windeck. 2010 beendete sie die Ausbildung zur Pilgerbegleiterin in Österreich und ging danach auf der Via de la Plata zum Grab des Apostels Jakobus in Santiago de Compostela. 2010 erschien ihr Buch „Pilgern. Ein Wegbegleiter" im Lingen Verlag, Köln.

beatrix_schulte@web.de

Raum für persönliche Notizen

Raum für persönliche Notizen

Verlagsinformationen und Lesetipps

Alle Welt spricht vom „Loslassen" ... als Fachverlag für Releasing stellen wir Ihnen hier eine Möglichkeit vor, mit der Loslassen wirklich funktioniert: RELEASING.

Releasing als Methode bedeutet das Loslassen negativer Glaubenssätze und Selbstbilder, verletzter Gefühle, destruktiver Verhaltensweisen und unerlöster seelischer Erinnerungen und beinhaltet eine Hinwendung und Öffnung für neue kreative Impulse und Lösungen.

Es ist das Verdienst von Dr. E.E. und Ruth Lindwall, das universale Prinzip des Loslassens in seiner Relevanz für die Gesundheit und das Gleichgewicht in Körper, Geist und Seele neu entdeckt zu haben und diese Methode seit den 1970er Jahren in über 40 Ländern der Erde zu verbreiten.

Das zentrale Ergebnis der Wahrheitssuche der beiden war die Erkenntnis und Erfahrung einer einzigen intelligenten schöpferischen Energiequelle allen Lebens, mit welcher die menschliche Seele durch das Prinzip bedingungsloser Liebe verbunden ist.

„Der Schlüssel zu den höheren Ebenen des Bewusstseins ist eine Demut, die aus der bedingungslosen Liebe zu allem Lebendigen entspringt."
(Dr. E.E. Lindwall)

Releasing ist eine einzigartig einfache und wirksame Selbsthilfemethode zum Erkennen und Loslassen unerlöster seelischer Konflikte und der durch sie geprägten begrenzenden und destruktiven Muster im Denken, Fühlen und Verhalten.

Literatur zum Thema RELEASING finden Sie auf den nächsten Seiten und im Internet unter www.sheema.de.

MARKUS LANGHOLF

DER PFAD DES LEBENDIGEN GEISTES - LOSLASSEN.

Ein philosophischer Reiseführer durch die inneren Welten

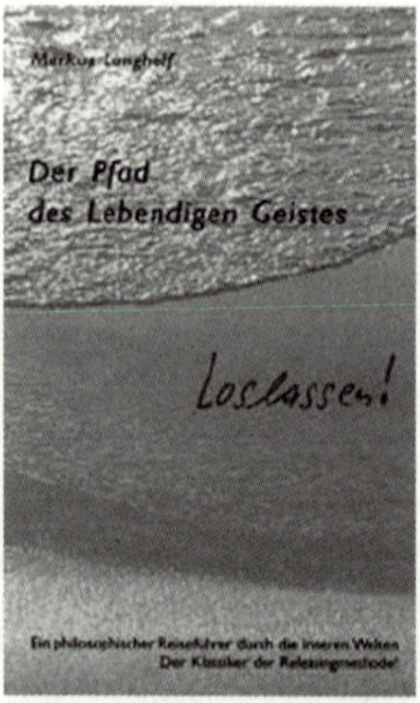

Dieses erste Buch zum Thema Releasing versteht sich als philosophischer Reiseführer zum Erkennen und Bestehen seelischer Schlüsselsituationen. Dabei begleitet uns der erfahrene Autor durch die 7 Chakren (indisches Modell der Energiezentren im Körper), die von ihm ausführlich und innovativ reflektiert werden.
Markus Langholf behandelt einfache, aber komplexe Zusammenhänge, so dass es sinnvoll sein kann, das Buch nicht in einem Rutsch durchzulesen, sondern immer wieder neu und intuitiv aufzuschlagen.
Am Schluss eines jeden Kapitels finden Sie zahlreiche Beispiele von Loslass-Sätzen und Positiven Affirmationen. So kann dieses Buch auch als informatives und praktisches Nachschlagewerk genutzt werden.
Lesen Sie das Buch mit dem Herzen und Sie werden verstehen!
Paperback, 260 S., ISBN 978-3-931560-02-7

MARKUS LANGHOLF (Hrsgb.)

RELEASING - FREI SEIN DURCH LOSLASSEN

Ein Workshop mit Isa und Yolanda

Der Herausgeber Markus Langholf hat in jahrelanger Recherche Material gesammelt, zusammengestellt und ausgewertet - daraus entstand dieses erste schriftliche Dokument mit autorisiertem Originalmaterial von Dr. E.E. Isa Lindwall und seiner Frau R. Yolanda Lindwall - den Begründern des Releasing.
Neben biographischem Material und philosophischem Basiswissen, enthält das Buch eine wunderschöne Fotoserie mit Isa und Yolanda Lindwall: gezeigt werden die kinesiologischen Muskeltests, die mit den entsprechenden wichtigsten seelischen Grundmustern und Releasing-Aussagen nach Dr. Lindwall kombiniert wurden.
Theorie und Praxis des Releasing und dessen Entstehungsgeschichte
Hardcover, 255 S., 58 farb. Abb., ISBN 978-3-931560-07-2

MARKUS LANGHOLF

LEBENSKUNST LOSLASSEN

Teil I Tiefe: Ich hoffe, Sie haben jetzt mal Ruhe ...
Teil II Weite: Lieben und entscheiden in bewegten Zeiten

Hörgenuss pur!
„Die Kunst des Loslassens ist an erster Stelle eine Haltung und alltägliche Übung im bedingungslosen Bejahen unserer Existenz, so wie sie je nach Alter, Biographie und Lebensumständen gerade ist. Loslassen funktioniert nicht im Sinne von „etwas loswerden" zu wollen.
Die Kunst des Loslassens bedeutet: Sich selbst durch das mitfühlende Annehmen von unerlösten seelischen Zuständen von einem angst- und stressgeplagten Zeitgenossen allmählich in einen gelassenen, liebenden, mitunter sogar heiteren und schöpferischen Menschen zu verwandeln." (Markus Langholf)
„Tiefe": 4 CDs mit einer Gesamtlauflänge von 4 Std. Musik von Axel Isensee. Gemafreies Repertoire, ISBN 978-3-931560-03-4
„Weite": ISBN 978-3-931560-04-1

ANDREA M. KÖSTER

RELEASING - KANN DIE SEELE FLIEGEN?

Eine Studie über die Wirksamkeit von Releasing anhand von acht Fallbeispielen

Im Mittelpunkt dieses Buches stehen acht Menschen, die in sehr persönlichen Gesprächen mit der Autorin über ihre Erfahrungen mit Releasing erzählen. Diese Lebensgeschichten berühren das Herz, lassen einen mitfühlen und machen Mut, den Weg des Loslassens zu gehen.
Die Psychologin Andrea Köster hat diese Gespräche im Rahmen ihrer Diplomarbeit geführt, aufgezeichnet und ausgewertet.
Prof. Dr. Inghard Langer schreibt: „... eine sorgfältig erarbeitete Orientierung für Menschen, die danach streben, sich ihrem ureigenen Wesen anzunähern, sich in der Welt aufgehoben zu fühlen, Verbündete zu finden und sich in Gemeinschaft und Vernetzung stimmig weiter zu entfalten."
Paperback, 259 S., ISBN 978-3-931560-09-6

CHARLOTTE C. OESTE **LASS ES EINFACH HINTER DIR!**

Was sich hinter den überflüssigen Pfunden in Wirklichkeit verstecken will.
Das alternative Abspeckbuch

Das Buch ist ein Experiment und ein Abenteuer zugleich. Es wird Sie mit seinen Ideen erstaunen und in seiner Wirkung verblüffen. In einer einzigartigen Kombination, die sich in der Praxis bewährt hat, finden Sie hier alles für Ihr inneres und äußeres Gleich-Gewicht (Releasing, Klopftechnik, Ernährung, Mentaltraining, Bachblüten, Schüsslersalze und mehr)! Zudem baut es auf der Erfahrung auf, dass Körper und Seele als Einheit wirken, immer in Verbindung stehen und dass man den einen ohne die andere nicht in ein dauerhaftes Gleichgewicht bringen kann. So kann Abnehmen endlich funktionieren!

Die Ärztin Rosemarie Patzer schreibt: „Heilpraktikerin Charlotte C. Oeste stellt uns in diesem Buch ein Abnehm-Modell vor, das Erfolg nicht nur verspricht, sondern auch dauerhaft erreichbar macht. Erfrischend kreativ und ohne Zwang schließt sie in einem Bausteine-System neben den körperlichen Komponenten – Ernährung und Bewegung – auch die geistig-seelischen Bereiche unseres Seins mit ein. So entwickelte sie ein ganzheitliches Programm, das durch seine Einfachheit besticht, auch über einen längeren Zeitraum anwendbar ist und zu keinerlei Mängel führt – im Gegenteil. Eine wirkliche Alternative!"

Was bekämpft wir, bleibt bestehen – so der zentrale Ausgangspunkt, an dem die Releasing-Methode ansetzt und in ihrer Kontinuität nicht nur Seele, Geist und Körper erleichtert, sondern auch einen Bewustseinsprozess einleitet, der den Menschen mit sich selbst und seinen ureigenen Wünschen und Vorstellungen in Kontakt bringt. Und das ohne Druck und harte Disziplin. Einfach soll es sein, und deshalb bietet die in dem Buch Schritt für Schritt erläuterte und anschaulich präsentierte 4-Wochen-Loslass-Kur zahlreiche Bausteine, die auch die geistig-seelischen Bereiche unseres Menschseins mit einbeziehen. Wählen Sie selbst, in welcher Form Sie dieses ganzheitliche Programm oder auch nur einzelne Elemente daraus in Ihren Alltag integrieren. Manchmal reicht es vollkommen, jeden Tag die zum jeweiligen Tagesthema angegebenen Loslass-Sätze zu lesen und vielleicht noch die „Klopf-Übungen" durchzuführen, für die die Autorin eine eigene Meridian-Klopf-Methode unter dem Namen „FKK – Frei-Klopf-Konzept" entwickelt hat.

Hardcover, 256 S., durchgängig farbig illustriert, Leseband,
ISBN 978-3-931560-10-2

Ausbildungen und Seminare mit der Autorin finden Sie im Internet unter
www.kronauer-akademie.com und www.abnehmen-mental.de

SABINE TREEẞ DEM RUF DER SEELE FOLGEN

Verwirkliche Deine Berufung mit Releasing und Schamanischen Reisen

Alte Muster loslassen, neue Visionen einladen und konkrete Schritte in die eigene Berufung gehen: Dieses Angebot macht Sabine Treeß in ihrem Praxisbuch. Konkrete Anleitungen führen auf dem Weg durch ein symbolisches Labyrinth erst zur eigenen Mitte. Und in zweiter Bewegung wieder hinaus in die Welt und die eigene Berufung, Selbstverwirklichung, Herzensvision. Auch ohne Vorerfahrungen finden Sie hier einen guten und methodisch einzigartigen Einstieg in die Methode des Releasings – das Aussprechen und Loslassen alter Blockaden – und des schamanischen Reisens, das zu einem nachvollziehbaren und gangbaren Weg wird, um den manchmal verschütteten Wünschen und Visionen der Seele auf die Spur zu kommen und klare Umsetzungsimpulse zu erhalten. Auf der beiliegenden CD führen vier von der Autorin angeleitete schamanische Reisen in die Thematik ein, so dass die annähernd 40 (!) freien schamanischen Reisen dann mit einer 15-minütigen Trommelsequenz selbständig vollzogen werden können.
Hardcover, 184 S., 4-farbig, mit Trommel-CD für Schamanische Reisen,
ISBN 978-3-931560-28-0

ANDRÉ H. HÖFER HIMMEL UND ERDE – 1 – JETZT

Ein kleines 3 mal 3 mal 3 der Wiedervereinigung von Mann und Frau

In einem Zustand tief entspannter innerer Klarheit, wurde der Autor innerhalb weniger Minuten inspiriert, 27 Sätze aufzuschreiben und sie in 3 x 3 x 3 Kapitel aufzuteilen – so entstand dieses kleine 3 mal 3 mal 3 des Zusammenlebens von Frau und Mann auf der Erde, in der Vergangenheit, Gegenwart und Zukunft und ihres gemeinsamen Weges nach Hause. Klares Anliegen des Buches ist das harmonische Zusammenleben von Mann und Frau, welches nur gemeinsam verwirklicht werden kann: wenn beide im Einklang mit dem eigenen Wesen leben, wenn beide in der Stille die innere Stimme ihres Herzens hören und ihren Eingebungen folgen. Dann sind innere Wahrheit und das äußere gelebte Leben zunehmend eins. Gekonnt verbindet der Psychologe und Releasing-Lehrer André H. Höfer Theorie und praktische Übungen. Unterhaltsam und leicht zu lesen, ist sein Buch ein wertvoller und tiefgründiger Ratgeber mit Aufforderungscharakter zum sofortigen Anwenden – Lektüre und Praxis in einem!
Hardcover, 240 S., Lesezeichen, ISBN 978-3-931560-33-1

KONTAKT

Sheema Verlag
Fachverlag für Releasing und mehr
Postfach 1443
83504 Wasserburg am Inn

Tel.: 08071 - 94813
Fax: 08071 - 94814

E-Mail: info@sheema.de
http://www.sheema.de

SHEEMA VERLAG
... *für ein wahrhaft gutes Leben!*

MÖGEN ALLE WESEN GLÜCKLICH SEIN